Piri 1

Didaktischer Kommentar zum Sachheft

Autorinnen und Autoren:

Gabriele Hohlbein

Simone Kastner

Beate Kurt

Hermann Krekeler

Simon Lewek

Günter Mischke

Annette Schwitalla

Bettina Steven

Ernst Klett Verlag GmbH

Stuttgart · Leipzig · Dortmund

W0174293

Inhalt

Das Piri Sachheft 1 ist in zwei Ausgaben erschienen:
* Allgemeine Ausgabe (ISBN: 978-3-12-300631-9)
* Ausgabe Sachsen (978-3-12-300632-6)

Der vorliegende Didaktische Kommentarband berücksichtigt beide Ausgaben. Arbeitsheftseiten, die nur in der Allgemeinen Ausgabe enthalten sind, wurden orange gekennzeichnet. Arbeitsheftseiten, die nur in der Ausgabe Sachsen enthalten sind, wurden blau gekennzeichnet.

Vorwort	5
Seitenkommentare	7

Miteinander lernen	**7**
In der Schule	8
Regeln und Dienste in der Schule	10
Meine Woche	12
So kannst du weiterarbeiten	14

Sicher im Verkehr	**15**
Links oder rechts?	16
Der Weg zur Schule	17
Verkehrszeichen kennen	18
Gut gesehen werden	19
So kannst du weiterarbeiten	20

Bäume in unserer Umgebung	**21**
Laubbäume und Nadelbäume	22
Bäume bestimmen	24
So kannst du weiterarbeiten	26

Wetter beeinflusst unser Leben	**27**
Wetter beobachten	28
So kannst du weiterarbeiten	30

Tiere im Winter	**31**
Wie Tiere überwintern	32
Vögel im Winter	33
Wie Tiere überwintern	34
Spuren im Schnee	35
Was Vögel fressen	36
Vögel schützen	37
Vögel im Winter	38
So kannst du weiterarbeiten	40

Wasser überall	**41**
Eigenschaften von Wasser	42
So kannst du weiterarbeiten	44

Licht und Schatten	**45**
Ohne Licht kein Leben	46
Gegenstände werfen Schatten	47
So kannst du weiterarbeiten	48

Natur im Frühling	**49**
Blumen im Frühling	50
Vogelnester erkunden	52
Das Jahr der Amsel	53
Ein Schmetterling entsteht	54
Obstbäume im Frühling	55
So kannst du weiterarbeiten	56

Gesund bleiben	**57**
Den Körper kennen und pflegen	58
Die Zähne	60
Sich gesund ernähren	62
So kannst du weiterarbeiten	64

Unsere Heimtiere	**65**
Der Hund	66
Das Kaninchen	68
So kannst du weiterarbeiten	70

Polizei und Feuerwehr	**71**
Die Aufgaben der Polizei	72
Der Notruf	73
Die Aufgaben der Feuerwehr	74
So kannst du weiterarbeiten	76

Wahlthemen	**77**
Kinder im Straßenverkehr	77
Umweltproblem Abfall	78
Miteinander lernen	79
Farben der Natur	80

Festigung und Vernetzung	**82**
Durch unser erstes Schuljahr	82

Methoden 83

Ein Bild beschreiben 83
Sammeln und Ordnen, Ausstellung,
Versuch 84
Sachzeichnung, Steckbrief, Plakat 85
Steckbrief, Sachzeichnung 86

Sprachförderung 87

Meine Federmappe, Regeln beachten,
Verkehrszeichen, Dunkle Farben -
helle Farben 87
Der Baum als Lebensraum, Den Körper
pflegen, Unsere Heimtiere 88

Vorwort

Das Piri Sachheft 1 gehört zum Verbundlehrwerk „Piri" für Deutsch und Sachunterricht.

In diesem Didaktischen Kommentarband werden in kompakter Form alle Informationen gebündelt, die die Lehrkraft für den Unterricht mit dem Piri Sachheft 1 braucht. Besonders „fachfremd" unterrichtende Lehrkräfte sollen in die Lage versetzt werden, einen fundierten Sachunterricht auf einer sicheren Grundlage zu erteilen. So sind die Sachheftseiten in verkleinerter Form mit den Lösungen enthalten. Die Anregungen und Informationen zur Arbeit mit der Seite sind in folgende Rubriken gegliedert:

- Kompetenzen und Lernziele (in Anlehnung an den Lehrplan)
- Vorbereitung und Material
- Einstieg (mit Anregungen für die Einführung ins Thema und zur Motivation)
- Allgemeine Hinweise (z. B. mit Sachinformationen)
- Hinweise zu den Aufgaben (mit didaktisch-methodischen Anregungen)
- Differenzierung (z. B. mit Anregungen zur Sprachförderung/Sprachbildung)
- Ideen für die Weiterarbeit (z. B. mit Literatur- und Link-Tipps)

Ergänzt wird dieser Didaktische Kommentarband durch den Materialband, der 51 Kopiervorlagen zur Vertiefung und Differenzierung der Themen enthält. Im Digitalen Unterrichtsassistenten 1/2 stehen die Kopiervorlagen als editierbare Word-Dateien zur Verfügung.

1. Konzeptionelle Grundsätze

Kinder sind bereits „Experten" im Umgang mit der Welt. Sie bringen vielfältige Erfahrungen mit in den Unterricht. Das ermöglicht es, die Themen des Sachunterrichtes so zu bearbeiten, dass sich die Kinder aktiv und kompetent mit einbringen können. Sachunterricht ist primär kein Buchunterricht. Unser Piri Sachheft 1 begleitet die Kinder bei den authentischen Begegnungen mit den Sachen.

2. Aufbau des Piri Sachheftes 1

Auf der inneren Umschlagseite wird unter der Überschrift **„So arbeitest du mit dem Piri Sachheft"** erläutert, welche Bestandteile es hat, was die Kennzeichnung der Niveaustufen und die Piktogramme bedeuten.

Jede **Kapiteleinstiegsseite** befindet sich immer auf einer rechten Seite und ist mit der fett gedruckten Kapitelüberschrift versehen. Auf Bildern werden Inhalte zum Thema dargestellt. Die Seite kann als Gesprächsanlass, als Strukturierungshilfe oder Sicherung der Lehrplaninhalte genutzt werden. Der Didaktische Kommentar gibt Anregungen, wie die Lehrkraft den Einstieg ins jeweilige Thema im handelnden Umgang mit den Sachen ermöglicht und erst dann mit dem Sachheft weiterarbeitet.

Nach der Kapiteleinstiegsseite wird das Thema auf zwei oder mehr Doppelseiten weiter aufgefächert. Wichtige Erkenntnisse bzw. Zusammenfassungen werden im grün unterlegten Kasten **„Merke!"** dokumentiert.

Den Abschluss eines Kapitels bildet stets die Seite **„So kannst du weiterarbeiten"** (blaue Seiten). Hier werden meist vier Differenzierungsangebote für praktisches Tun gemacht, die teilweise durch Kopiervorlagen auf dem Digitalen Unterrichtsassistenten 1/2 unterstützt werden.

Das schlaue Wiesel Piri stellt als Leitfigur unter der Rubrik „Denke weiter" Forscherfragen. Im Kasten „Meine Frage:" sollen die Kinder eigene Fragen zum Thema festhalten und ihnen dann nachgehen.

Die **Sonderseiten „Methoden"** (grüne Seiten) im Anhang des Piri Sachheftes 1 erklären sachunterrichtliche Strategien und Arbeitsweisen.

Sonderseiten zur Sprachförderung (gelbe Seiten) befinden sich im Anhang. Sie dienen als „Brückenseiten" dazu, den Kindern erforderliches Wortmaterial für die Themen zu vermitteln. Das heißt, die Seiten können im Vorfeld bearbeitet werden und danach wird zur eigentlichen Themenseite zurückgekehrt. Ausgewiesen sind diese Seiten auf den Themenseiten in der Fußzeile durch das Piktogramm:

Die **Ausschneideseiten** 77 und 79 ermöglichen es, zu ausgewählten Aufgaben die Antworten auszuschneiden und einzukleben.

3. Differenzierung im Piri Sachheft 1

Das Piri Sachheft 1 ist konsequent und durchgängig auf unterschiedliche Lernniveaus der Kinder ausgerichtet. Es ermöglicht gemeinsames, individuelles und differenziertes Lernen durch

- verschiedene Texte für **unterschiedliche Leseniveaus**
- Visualisierung der Aufgabenstellungen durch **Piktogramme**:

  - Sprecht darüber.
  - Schreibe.
  - Male.
  - Male aus.
  - Verbinde.
  - Kreise ein.
  - Kreuze an.
  - Schneide aus. (Die Seitenzahl gibt die Ausschneideseite im Sachheft an.)
  - Klebe ein.

Q Forsche. Erkunde.

🎣 Stelle her. Probiere aus.

In der Fußzeile rechts wird auf die Sprachförderseiten im Anhang und das Sachlexikon 1/2 verwiesen:

📖 Verweis auf das Sachlexikon 1/2

🎣 Verweis auf die Sprachförderseiten

- Alle Aufgaben sind konsequent mit den **Niveaustufen** gekennzeichnet:

○ leicht

◐ mittel

● schwer

Die unterschiedlichen sprachlichen Voraussetzungen der Schülerinnen und Schüler verlangen differenziertes Arbeiten und Sprachförderung im Sachunterricht. **Sprachbildung** ist permanenter Bestandteil und zentrale Aufgabe des Sachunterrichtes. Die Schülerinnen und Schüler sollen z. B.:
- Sachverhalte beschreiben, erklären und bewerten
- Fachbegriffe verstehen und richtig verwenden
- Informationen sammeln, bewerten und nutzen
- argumentieren und Argumente prüfen
- diskutieren und begründen
- Arbeitsergebnisse präsentieren
- Fragen zielgerichtet formulieren

Das Piri Sachheft 1 stellt dazu vielfältige Aufgaben bereit.

Zu allen mündlichen Aufgaben wird in der Fußzeile Wortmaterial bereitgestellt. 🎣

Mit den Sonderseiten zur Sprachförderung im Anhang wird ein weiteres Angebot zur Differenzierung gemacht. Alle Texte dieser Sonderseiten stehen als Hörfiles im Internet bzw. auf dem Digitalen Unterrichtsassistenten 1/2 zur Verfügung. Im Internet muss im Suchfeld auf www.klett.de der folgende Code eingegeben werden: vr73di

A 01 🔊 Im Sachheft sind die entsprechenden Hörtexte mit diesem Piktogramm gekennzeichnet.

Hier im Didaktischen Kommentarband werden unter der Rubrik „Differenzierung" Tipps zur Sprachförderung gegeben.

Alle Sachtexte im Piri Sachheft 1 sind im Silbendruck abgebildet.

4. Die fachlichen Standards für Klasse 1

Im Laufe des Schuljahres sollen die Kinder mit dem Piri Sachheft 1 folgende allgemeine Ziele erreichen:

bewusstes Wahrnehmen, Beobachten, Beschreiben, Bestimmen, Untersuchen, Auswerten und Dokumentieren von erfahrenen und entdeckten Phänomenen
- Fragen stellen, Probleme erkennen, Vermutungen und Lösungsmöglichkeiten entwickeln und Argumentieren
- Planen und Herstellen von Gegenständen
- Beschaffen und Präsentieren von Informationen
- Nutzen von Medien
- Nutzen des Expertenwissens und -könnens
- Auswerten und Anfertigen verschiedener Darstellungsformen (Tabellen, Zeichnungen, Grafiken usw.)
- Bewerten von Ergebnissen nach vorgegebenen Kriterien
- kooperatives Handeln und kritische Solidarität in der Gemeinschaft
- verantwortungsvoller Umgang mit der Lebenswelt

5. Ergänzende Unterrichtsmittel des Piri Sachheftes 1

Die **Piri-Leitfigur** unterstützt und begleitet als didaktisches Gestaltungs- und Gliederungselement unterschiedliche Lernprozesse, indem Piri die Forscherfrage stellt und Textinhalte kommentiert

Als **Piri-Handpuppe** (ISBN 978-3-12-300208-3) hat Piri eine wichtige motivierende didaktisch-methodische Funktion.

Der **Digitale Unterrichtsassistent 1/2** (ECN80022UAA99) stellt die Piri Sachhefte 1 und 2 in digitaler Form mit dazugehörigen, passgenauen Zusatzmaterialien wie editierbaren Kopiervorlagen, Hinweisen zum Didaktischen Kommentar, digitalen Tafelbildern, interaktiven Übungen und Erklärfilmen bereit. Der Digitale Unterrichtsassistent erleichtert die Unterrichtsvorbereitung, kann aber auch als Whiteboard-Material im Unterricht eingesetzt werden.

Das **Sachlexikon 1/2** (ISBN 978-3-12-300343-1) bietet zu den Themen Bildmaterial, Sachtexte und zusätzliche Informationen für die Schülerinnen und Schüler.

In der **Experimentierkartei 1–4** (ISBN 978-3-12-310666-8) sind alle Experimente enthalten, die der Lehrplan empfiehlt. Pro Karteikarte wird ein Versuch über Fotos vorgestellt.

Zur Experimentierkartei gibt es eine **Version für Lehrende** (978-3-12-310667-5), die auch auf Karteikarten gedruckt ist und Informationen zur Durchführung der Versuche sowie Sachinformationen enthält. Über einen Zugangscode sind zu 21 Experimenten **Filmsequenzen** auf www.klett.de abrufbar, die die Durchführung der Experimente zeigen.

Miteinander lernen

1 👁 Was siehst du auf dem Bild? Beschreibe. → S. 65

2 ✏ Was wünschst du dir für das Lernen in deiner Klasse?

eigene Lösung

Aufgabe 1: Schüler/ erkommen, Mitschüler/ Mitschülerinnen, Lehrerin, Unterricht, Banknachbar /Banknachbarin, Sitzplan, Klassenraum, Partnerarbeit, Gruppenarbeit, Stundenplan, lesen, schreiben, lesen, rechnen, malen, basteln

📖 Schule

3

Kompetenzen und Lernziele

Die Kinder

• setzen sich mit Bedingungen für das Zusammenleben innerhalb der schulischen Gemeinschaft
auseinander und finden Formen des gemeinschaft-
lichen Lernens.

• gestalten ihre Lerngemeinschaft und Lern-
umgebung mit.

Einstieg

Die Kinder erläutern im Stuhlkreis ihre Erwartungen
an die Schule. Danach gibt die Lehrkraft einen an-
schaulichen Überblick über die eigenen Pläne.

Allgemeine Hinweise

Die Schule sowie die Rolle einer Schülerin/eines
Schülers sind für die Kinder neu, deshalb ist eine
umfassende Erklärung der Schulsituation notwendig.
Dabei spielt auch das Thema Sitzordnung eine wichtige Rolle. Die Kinder lernen ihren Klassenverband und
insbesondere ihre Sitzpartnerin/ ihren Sitzpartner näher kennen. Namenskärtchen können dabei helfen.

Hinweise zu den Aufgaben

1 Die Kinder betrachten das Wimmelbild und sprechen über die unterschiedlichen Arbeits- und Sozialformen (Gruppenarbeit, Einzelarbeit, Partnerarbeit),
entdecken die Strukturierung der Schultage (Stundenplan) sowie die Organisation des Klassenraumes.
Dafür kann die Gucklochmethode (siehe Anhang
„Methoden" Seite 65 bzw. 66) genutzt werden.

2 Die Vorerfahrungen der Kinder und Erzählungen
von Erwachsenen und älteren Kindern lassen sie in
der Regel mit vielen Erwartungen zur Schule kommen. Diese Erwartungen sollen hier erfragt werden.
Die Lehrkraft sollte sich genug Zeit nehmen, die Bilder
mit den Kindern individuell zu besprechen.

Ideen für die Weiterarbeit

• Namensschilder gestalten lassen. Kinder, die ihren
Namen schon selber schreiben können, tun dies.
Die anderen bekommen ein vorgeschriebenes
Namensschild und gestalten es.

• „Wunsch-Sitzordnung" könnte ausprobiert werden.

Seite 4, 5

Kompetenzen und Lernziele
Die Kinder
- lernen ihr Schulgebäude kennen.
- erkunden ihren Klassenraum und weitere Fachräume.
- können die Schilder im Schulgebäude deuten und nutzen.
- lernen die Mitarbeiterinnen/ Mitarbeiter einer Schule kennen und benennen deren Aufgaben.

Vorbereitung und Material
- Detail-Fotos aus dem Schulgebäude, vom Klassenraum und von den Mitarbeiterinnen/ Mitarbeitern der Schule.

Einstieg
Im Sitzkreis erkunden die Kinder gemeinsam ihren neuen Klassenraum. Dazu stellt die Lehrkraft kleine Aufgaben und Fragen und lässt sich bestimmte Gegenstände im Klassenraum zeigen oder auch näher erklären: „Wo ist die Tafel? Wozu benötigen wir eine Tafel?"/„Wo ist das Bücherregal?"/„Wie viele Fenster hat unser Klassenzimmer?", …

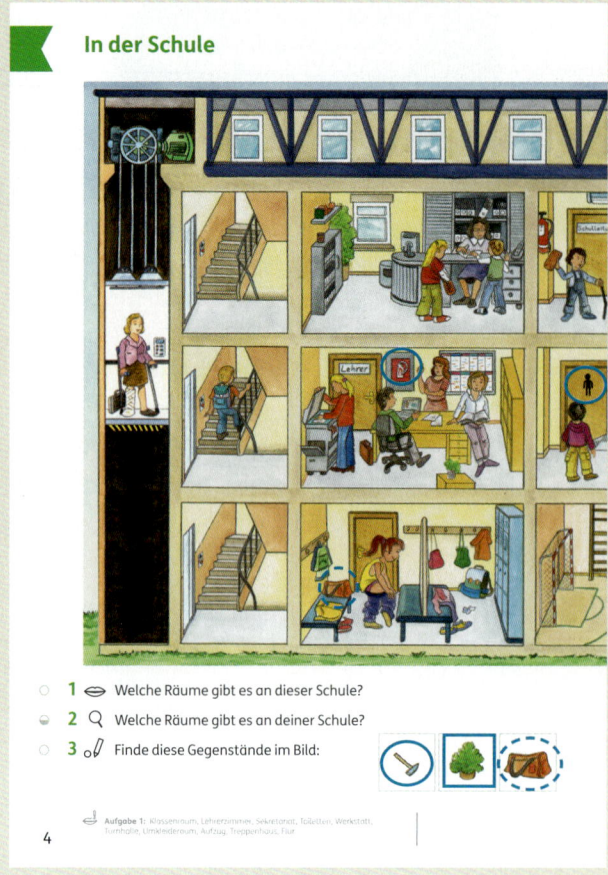

In der Schule

○ **1** ⇐ Welche Räume gibt es an dieser Schule?

◒ **2** 🔍 Welche Räume gibt es an deiner Schule?

○ **3** ✏ Finde diese Gegenstände im Bild:

Aufgabe 1: Klassenraum, Lehrerzimmer, Sekretariat, Toiletten, Werkstatt, Turnhalle, Umkleideraum, Aufzug, Treppenhaus, Flur

4

Allgemeine Hinweise

Bis zum 6. Lebensjahr haben Kinder ein eher anschauungsgebundenes und handlungsorientiertes Denken. Räumliche Beziehungen werden fast nur in der unmittelbaren Umgebung erfasst. Im 1. und 2. Schuljahr entwickelt sich das räumliche Vorstellungsvermögen von Kindern weiter. Gemeinsame Unterrichtsgänge machen Kinder selbstständiger und mobiler. Das fördert ihre Raumerfahrungen. Für die Orientierung im Schulhaus sind gemeinsame Unterrichtsgänge wichtig. Dabei sollten immer Bezüge zur Lage des Klassenzimmers bzw. zum Schuleingang hergestellt werden.

Hinweise zu den Aufgaben

1, 2 Gemeinsam wird das Bild betrachtet und beschrieben: „Welche Räume gibt es in dieser Schule?"; „Was machen die Kinder in den Räumen?" (Fachräume klären); danach wird mit den eigenen Gegebenheiten verglichen: „Welche Räume gibt es bei uns?"; „Was wird dort gemacht?" Hierfür ist ein Unterrichtsgang durch die Schule zu empfehlen. Im Anschluss könnten die Kinder auf Fotos die einzelnen Räume und Gegebenheiten wiedererkennen.

3 Zur Motivation können drei Gegenstände im Bild gesucht werden. Diese Aufgabe wäre als Wettbewerb denkbar: „Wer entdeckt alle drei Gegenstände im Bild?"; „Wer entdeckt als erstes den Hammer/die Grünpflanze/die Tasche?"

4 Wichtige Schilder sollen die Kinder ebenfalls im Bild wiederfinden „Welche Schilder könnt ihr erkennen?"; „Wisst ihr, was sie bedeuten?"; „Was ist ein Fluchtweg?"; „Kennt ihr den Fluchtweg aus unserem Klassenzimmer?"

5, 6 Nun wird über die Mitarbeiterinnen/ Mitarbeiter an einer Schule gesprochen: „Wer ist auf dem Bild erkennbar?"; „Was ist ihre/seine Aufgabe?"; „Wo ist sie/er zu finden?" Dazu kann man evtl. Fotos von wichtigen Personen der Schule zeigen und erklären, wer darauf zu erkennen ist, welche Aufgabe sie/er hat und wo man sie/ihn finden kann.

Differenzierung

Sprachförderung

- *Wortschatzaufbau:* Ein Ratespiel mit Umschreibungen spielen: „In welchem Raum lernen die Kinder zusammen?" (im Klassenzimmer)/„In welchem Raum ziehen sich die Kinder für den Sportunterricht um?" (im Umkleideraum)/„In welchem Raum arbeitet die Sekretärin?" (im Sekretariat). Zunächst übernimmt die Lehrkraft die Umschreibungen, dann ein Kind.
- *Adjektive:* Suchspiel mit Farb- und anderen Adjektiven: „Welche Gegenstände sind grün?" (die Tafel, die Federmappe, der Turnbeutel, das Notausgangsschild, …)/„Was ist blau, weich und eckig?" (die Turnmatte)/„Was ist rot und hängt im Flur/Gang?" (der Feuerlöscher)/…
- *Wortschatzaufbau:* Das Ratespiel mit Berufen weiterführen: „Wer repariert in der Schule kaputte Dinge und sorgt für Ordnung?" (der Hausmeister)/„Wer zeigt den Kindern im Sportunterricht, wie sie turnen und spielen sollen?" (die Sportlehrerin).
- *Verben:* Verben zu den Berufen sammeln: „Was macht der Hausmeister alles?" (etwas reparieren, aufräumen, fegen, …)/„Was macht die Sekretärin alles?" (telefonieren, schreiben, helfen, …)/…

Ideen für die Weiterarbeit

- Das Schulgebäude und der Schulhof werden gemeinsam erkundet. Dazu können Detailfotos aus dem eigenen Klassenzimmer oder dem Schulgebäude gezeigt werden: Was ist darauf zu erkennen? Im Anschluss findet ein Gang durch das Schulgebäude statt, Angestellte der Schule (Schulleitung, Sekretariat, …) werden besucht, die Kinder stellen sich vor.
- Auch dafür erhalten die Kinder kleine Aufgaben von der Lehrkraft, z. B.: „Wo ist das Sekretariat, wo ist das Lehrerzimmer?"/„Kennt ihr den Fluchtweg aus unserer Schule?"/… Diese Idee kann auch in Kleingruppen umgesetzt werden, evtl. in Begleitung von Kindern aus höheren Klassen, die sich schon gut auskennen (Patensystem einrichten).
- Die Kinder bekommen auf ihrem Erkundungsgang einen vereinfachten Plan von Schulgebäude und Schulhof. Sie suchen markante Punkte auf.

Seite 6

Kompetenzen und Lernziele

Die Kinder
- lernen den Inhalt ihrer Federmappe zu sortieren.
- lernen Klassendienste kennen und organisieren.

Vorbereitung und Material

- → KV 1, 2: Was gehört in die Schultasche?
- → KV 3: Klassendienste

Einstieg

Jedes Kind schaut den Inhalt seiner Federmappe genau an. Die Lehrkraft öffnet eine präparierte Federmappe (mil Gegenständen, die nicht hineingehören) und fragt die Kinder, was sie zu dieser Federmappe sagen.

Die Lehrkraft leitet über: „Ordnung soll nicht nur in der Federmappe sein, sondern auch in unserer Klasse. Dafür muss jemand verantwortlich sein. Wenn wir Dienste haben, können wir uns abwechseln."

Regeln und Dienste in der Schule

1 Was gehört in die Federmappe? Male aus.

2 Fehlt etwas? Male dazu.

eigene Lösung

3 Welche Dienste gibt es in eurer Klasse?

eigene Lösung

6 → S. 70

Hinweise zu den Aufgaben

1, 2 Nachdem sichergestellt ist, dass die Kinder alle Bilder erkennen, können sie zuordnen, welche Gegenstände in eine Federmappe gehören und welche nicht. Die Kinder sollten begründen, warum manche Gegenstände nicht in die Federmappe gehören. Ergänzungen könnten sein: Radiergummi und weitere Stifte.

3 Wenn die Klasse schon Dienste eingeführt hat, wird hier nur wiederholt. Wenn noch keine Dienste eingeführt sind, könnte die Aufgabe Anregung sein, Klassendienste einzuführen. Dann müssten Symbole entworfen werden und die Organisation der Dienste besprochen werden. (Wie wird erkennbar, wer den Dienst gerade hat? Wie ist der Wechselrhythmus? Was passiert, wenn ein Kind mit Dienst nicht da ist? Vertiefend kann die KV 3 genutzt werden.

Ideen für die Weiterarbeit

- Spielerisch kann mit den KV 1 und 2 erarbeitet werden, welche Gegenstände in die Schultasche gehören und welche nicht.

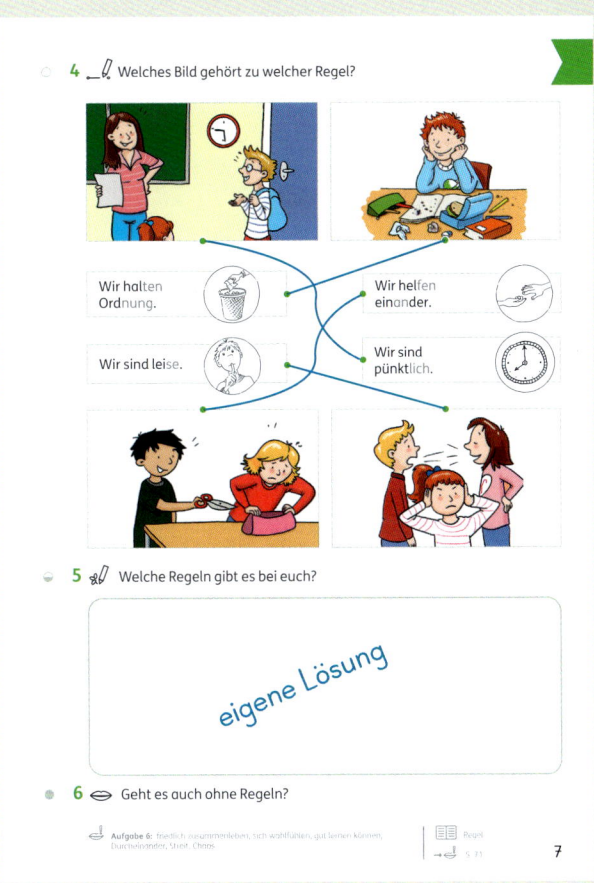

Kompetenzen und Lernziele

Die Kinder
- finden gemeinsam Umgangsformen und Regeln für das Zusammenleben in der Klasse.
- erkennen die Notwendigkeit von verbindlichen Klassenregeln für alle Kinder.
- stellen eigene Klassenregeln auf.

Vorbereitung und Material

- großer Bogen Papier für das Plakat
- Symbolkarten für Regeln
- → KV 4: Unsere Klassenregeln

Einstieg

Die Lehrkraft heftet Symbolkarten für Klassenregeln (siehe KV 4) an die Tafel und fragt die Kinder:
1. Was bedeutet das Wort „Regeln"?
2. Was haben diese Symbole damit zu tun?

Hinweise zu den Aufgaben

4 Wichtige Regeln für das Zusammenleben in der Schule werden von den Kindern erfasst. Die Situationen auf den Bildern werden den Regeln zugeordnet.

5 Die Kinder halten die Klassenregeln in ihrem Arbeitsheft fest, sie können die Symbole abmalen und neue Symbole entwerfen.
Es ist wichtig, mit den Kindern gemeinsam Regeln zu verabreden, die lange Bestand haben, von allen erarbeitet werden und über die gemeinsam abgestimmt wird. In diesem Zusammenhang muss auch über Regelverstöße gesprochen werden: Was passiert, wenn sich jemand nicht an die vereinbarten Regeln hält? Alle Beteiligten (auch die Lehrkraft) müssen sich an diese Regeln halten. In manchen Arbeitsphasen gelten im Unterricht auch mehrere Regeln gleichzeitig.

6 Gedankenexperiment: Was wäre, wenn es keine Regeln geben würde? Impulse: Stell dir vor, es gäbe keine Verkehrsregeln. Macht dein Lieblingsspiel ohne Spielregeln noch Spaß? Wie wäre das Zusammenleben, wenn jeder seine eigenen Regeln machte?

Differenzierung

Sprachförderung

Wortbedeutungen klären: „Was bedeutet eigentlich…?": Gemeinsam Erklärungen zu den Adjektiven aus den Klassenregeln finden, z. B. „*Pünktlich sein* bedeutet, zur vereinbarten Uhrzeit zu kommen."; „*Leise sein* bedeutet, nicht laut miteinander zu reden oder in die Klasse zu rufen."; „*Ordentlich sein* bedeutet, seinen Tisch aufzuräumen und seinen Müll wegzubringen."; „*Hilfsbereit sein* bedeutet, anderen Kindern Hilfe anzubieten, wenn sie etwas nicht wissen oder können."

Ideen für die Weiterarbeit

Gemeinsam wird überlegt, welches die wichtigsten Klassenregeln sind. Diese werden auf einem Plakat notiert und von allen unterschrieben. Evtl. werden dazu Symbole entwickelt.

Seite 8

Kompetenzen und Lernziele

Die Kinder
- kennen die Tageszeiten.
- können sich im Tageslauf orientieren.
- kennen die Wochentage und ihre Abkürzungen.
- können einen Plan für die Woche lesen.

Vorbereitung und Material

- Material für Materialtisch: Hausaufgabenheft, Kalender, Merkzettel mit Notiz für einen Tag, Fernsehzeitung, Zahnbürste, Teller, Ranzen, Instrument …
- → KV 5: Wochentage-Domino

Einstieg

Die Lehrkraft hat (zusammen mit den Kindern) einen Materialtisch zum Thema Tageszeiten und Wochentage aufgebaut.

Allgemeine Hinweise

Die Fähigkeit, Zeiteinheiten wie Stunden, Tage oder Wochen einschätzen zu können, entwickelt sich bei Kindern erst ab dem 7. oder 8. Lebensjahr. Manchen Kindern fällt es zu Beginn der ersten Klasse noch schwer, die Reihenfolge der Tage mit den Begriffen „vorgestern" und „übermorgen" zu beschreiben. Erst allmählich entwickeln Kinder die Fähigkeit, mit den Zeiteinheiten Tag, Stunden, Minuten und Sekunden sowie Woche, Monat und Jahr differenziert umzugehen. Dies sollte anfänglich bei der Wochenplanung und beim Sprechen über Ereignisse beachtet werden. (http://wikimannia.org/Kindlicher_Zeitbegriff)

Hinweise zu den Aufgaben

1 Die Bilder auf Seite 77 werden ausgeschnitten und den Tageszeiten zugeordnet. Dafür müssen die Kinder die Tageszeiten sicher unterscheiden und benennen können. (Lösung siehe Abbildung oben)

2 Kinder entnehmen nach Betrachten des Stundenplanes und Wochenplanes Informationen und beschreiben, was Tim und Lena in einer Woche erleben. Was bedeuten die Zeichnungen? Wer ist an welchem Tag wo? Wann könnten Lena und Tim sich nach der Schule treffen? An welchen Tagen haben Tim und Lena Sport? …

Ideen für die Weiterarbeit

- Partnerübung zum Wochenplan von Tim und Lena, Fragen stellen: Wann ist Lena bei Oma? …
- Mit der KV 5 kann die Abfolge der Wochentage gefestigt werden.

3 ✎ 👥 Was machst du am Montag?

Vormittag	Nachmittag	Abend
	eigene Lösung	

2 ✎ 👥 Was machst du in der Woche vom _____ bis _____ nachmittags?

Montag	Dienstag	Mittwoch
	eigene Lösung	

Donnerstag	Freitag	Samstag

Sonntag

Gestern war Sonntag und vorgestern Samstag. Morgen ist Dienstag und übermorgen Mittwoch. Welcher Tag ist heute?

Woche

9

Kompetenzen und Lernziele

Die Kinder
• können Zeitvorstellungen differenzieren (gestern, heute, morgen, übermorgen).
• können sich im Tageslauf orientieren.
• können einen Plan für die Woche lesen.
• gewinnen Einblick in die Struktur der Woche.

Einstieg

Ausgehend von Seite 8 fragt die Lehrkraft: Was machst du heute am Vormittag/am Nachmittag/ am Abend? Was machst du an den Nachmittagen dieser Woche?
Anschließend kann ein Gespräch über den Sinn eines Wochenplanes geführt werden.

Allgemeine Hinweise

Für die Zeiteinteilung *Woche* gibt es keine astronomische Grundlage, sie beruht im christlichen Kulturkreis auf der Schöpfungsgeschichte. Andere Kulturen beriefen sich auf die Magie der Zahl *sieben* oder auf ein Viertel des Mondumlaufes. Die Woche beginnt mit Montag, früher aus christlicher Sicht mit Sonntag. Bedeutung der Namen der Wochentage: Montag: Tag des Mondes; Dienstag: nach dem germanischen Gott Zio; Mittwoch: Mitte der Woche; Donnerstag nach dem germanischen Gott Thor/Donnar; Freitag: nach der germanischen Göttin Frigge/Freya; Samstag: nach dem römischen Gott Saturn; Sonntag: Tag der Sonne

Hinweise zu den Aufgaben

3 Entsprechend dem Beispiel aus Aufgabe 1 Seite 8 schreiben die Kinder auf, was sie an einem Tag der Woche machen. Evtl. ist die Unterstützung der Eltern notwendig. Falls die Kinder keine ausdrücklichen Freizeitaktivitäten haben, können auch Termine aus dem Hort oder bestimmte Rituale aus der Familie eingetragen werden.

4 Nachdem das Datum eingetragen wurde, können die Kinder ihre Aktivitäten notieren.

Differenzierung

• Für Kinder, denen die Strukturierung der Zeit (Tag/ Woche) schwerfällt, kann die Aufgabe so verändert werden, dass sie keine Planung aufschreiben, sondern bereits erlebte Zeit nachträglich in das Zeitraster eintragen. Sie überlegen also: Was habe ich in diesem Zeitraum gemacht?

Seite 10

Kompetenzen und Lernziele

Die Kinder
- nutzen und systematisieren ihre Kenntnisse über die Zeit.
- wenden ihr Wissen spielerisch, praktisch und forschend an.
- arbeiten selbstständig in verschiedenen Sozialformen an den Angeboten der Seite, je nach Interesse und Neigung.

Vorbereitung und Material

- Flipchart-Papier, großes Packpapier
- leere Wortbildkarten in unterschiedlichen Größen
- → KV 6: Wochentage-Spiel

Hinweise zu den Aufgaben

1 „Ich sehe was, was du nicht siehst …":
- Spiel kann als Partner- oder auch als Gruppenarbeit gespielt werden, hauptsächlich wird damit die räumliche Orientierung trainiert, Kinder nutzen die Begriffe *vorn, hinten, oben, unten, links* und *rechts*
- zur Unterstützung können Wörter an der Tafel stehen oder als Wortbildkarten den Kindern zur Verfügung gestellt werden

2 Wochentage:
- 12 Kärtchen wie in der Abbildung anfertigen
- Variante 1: Ein Kind ist Spielleiterin/Spielleiter und bekommt die Kärtchen heute, morgen…, die Mitspielenden bekommen je ein Wochentagskärtchen, die Spielleiterin/ der Spielleiter hält ein Kärtchen hoch, sofort müssen sich die Kinder in der richtigen Reihenfolge aufstellen, auch als Wettspiel mit zwei Gruppen möglich
- Variante 2: Ein Kind sagt: *Ich bin der Donnerstag und ich bin gestern. Ordnet euch um mich.* Nun stellen sich die entsprechenden Tage dazu.
- KV 6 kann genutzt werden.

3 „Ich packe meine Schultasche":
- Hierbei wird auch Konzentrations- und Merkfähigkeit geschult; schwächere Kinder können originale Gegenstände bzw. Abbildungen nutzen, die dann beim Aufzählen aber unter einem Tuch oder tatsächlich in der Mappe verschwinden.

4 Schilder in der Schule:
- im Anschluss an die Erkundung des Schulhauses können Kinder selbst Schilder für die einzelnen Räume der Schule entwerfen – Beitrag zur Mitgestaltung ihres neuen schulischen Lebensraumes

Forscherfragen:
- Was machst du, wenn dir eine Regel nicht gefällt? Grundsätzlich sollen sich alle Menschen an Regeln halten – Spielregeln, Verkehrsregeln, Regeln im Zusammenleben… Wenn man eine Regel nicht versteht oder man zu einer Regel eine andere Meinung hat, sollte man sich fragen: „Warum gibt es diese Regel?" In Ausnahmefällen kann man mit allen Beteiligten auch über die Änderung einer Regel diskutieren. In vielen Bereichen ist eine Regel einfach einzuhalten. Im Straßenverkehr z. B. kann sie Leben retten.
- Warum stehen in den Fluren des Schulgebäudes keine Möbel?
Die Flure sind die Fluchtwege, z. B. bei einem Brand. Dort müssen bei einem Feueralarm viele Personen in kurzer Zeit durch. Wenn Möbel den Fluchtweg einengen, kann das zu Drängelei, Chaos und Verletzungen führen.

Seite 11

Kompetenzen und Lernziele

Die Kinder
- erkennen richtiges und falsches Verhalten im Straßenverkehr.
- können sichere Wege im Straßenverkehr erkennen.

Vorbereitung und Material

- → KV 7: Einteilung der Straße

Einstieg

Das Wimmelbild wird zuerst einmal unkommentiert betrachtet. Es könnten Beobachtungsaufgaben erteilt werden, wir z. B. Wer findet den Hund? Wie viele Radfahrerinnen/ Radfahrer entdeckst du? ...

Hinweise zu den Aufgaben

1 Die Kinder sollen erkennen, dass Max zu seiner Sicherheit bis zur Ampel laufen soll und dann beide Ampeln benutzt, um zur Schule zu kommen. Diesen Weg zeichnen sie in das Bild ein.

2 Bei genauer Betrachtung des Bildes erkennen die Kinder Personen, die sich falsch verhalten und sich und andere damit in Gefahr bringen. Es ist wichtig, dass die Kinder das Fehlverhalten nicht nur erkennen und im Bild einkreisen, sondern auch begründen, warum es falsch ist und wie man es besser macht.

Ideen für die Weiterarbeit

- Mit Hilfe der KV 7 lernen die Kinder die Bereiche der Straße genauer kennen und ordnen zu, welche Verkehrsteilnehmerin/ welcher Verkehrsteilnehmer sich wo bewegen darf.
- Bei einem Unterrichtsgang an eine belebte Kreuzung kann das Verhalten von Personen im Straßenverkehr beobachtet und protokolliert werden. Bei dieser Gelegenheit erfassen die Kinder, welche Gefahren es auf ihrem Schulweg gibt und wie sie sicher zur Schule kommen.

Seite 12

Kompetenzen und Lernziele

Die Kinder

- lernen rechts und links zu unterscheiden und lernen eine „Eselsbrücke" dafür kennen.
- können unterscheiden, aus welcher Perspektive etwas links oder rechts zu sehen ist.

Vorbereitung und Material

- → KV 8: Rechts-links-geradeaus-zurück-Spiel

Einstieg

Die Lehrkraft könnte zuerst fragen: „Wie merkst du dir, wo rechts und wo links ist?" So können die Kinder ihre eigenen „Eselsbrücken" vorstellen. Danach stellt die Lehrkraft die „Eselsbrücke" von Seite 12 vor.

Hinweise zu den Aufgaben

1 Nachdem die Kinder geübt haben, rechts und links zu unterscheiden, ordnen sie über die entsprechenden Farben die Begriffe zu den einzelnen Bildern zu. Besonders schwierig ist es bei den Bildern, bei denen die Personen oder Gegenstände eine andere Perspektive haben, als der Betrachtende.

Differenzierung

Sprachförderung

- Kreisspiel zur Richtungsunterscheidung: Die Kinder sitzen im Stuhlkreis. Ein Kind steht in der Mitte, ein Platz im Stuhlkreis ist frei. Das Kind ruft nun: „Welle nach links!" oder „Welle nach rechts!". Nun müssen alle in die ausgerufene Richtung einen Sitzplatz im Stuhlkreis weiterrücken. Das Kind in der Mitte versucht, einen Sitzplatz zu ergattern.

Ideen für die Weiterarbeit

- Spielerisch kann in Partnerarbeit mit der KV 8 geübt werden.
- Die Kinder ummalen auf zwei DIN-A4-Blättern ihre beiden Hände und zeichnen in die leeren Handformen, was sie mit der rechten bzw. linken Hand tun.
- Sie malen sich farbige Punkte auf die Hände (rot = rechts, lila = links) oder knoten farbige Armbänder/ Haargummis um ihre Handgelenke.
- „Heute schreiben wir alle mit links!" (Linkshänder mit rechts)

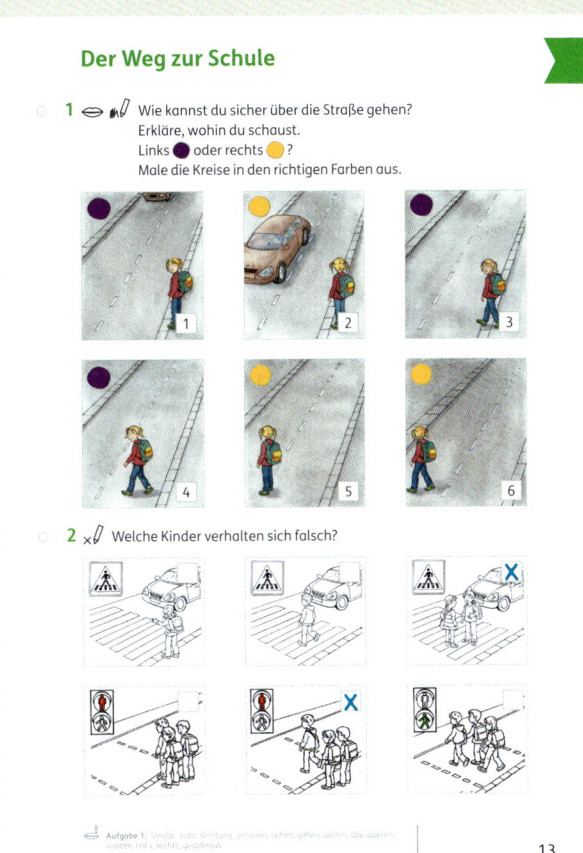

Kompetenzen und Lernziele

Die Kinder
- lernen, ohne Hilfe sicher eine Straße zu überqueren.
- nutzen bekannte Verkehrszeichen.
- üben das Überqueren von Straßen mit und ohne Hilfsmittel (Ampel, Zebrastreifen, …).

Vorbereitung und Material
- → KV 9: Über die Straße gehen
- → KV 10: Wo kommst du sicher über die Straße?

Einstieg

Während eines Unterrichtsganges übt die Lehrkraft mit den Kindern an verschiedenen Straßensituationen in der näheren Schulumgebung eine sichere und verkehrsgerechte Überquerung der Straße.

Allgemeine Hinweise

Beim Überqueren von Straßen: zuerst zwei Fußlängen vom Fahrbahnrand aufstellen, dann zweimal in jede Richtung schauen, aber auch auf den Straßenlärm achten! Ist die Straße frei, dann zügig und geradeaus über die Straße gehen.
Kinder sollen grundsätzlich den sichersten Weg gehen, dies betrifft vor allem auch Verkehrssituationen an Straßen mit und ohne Verkehrszeichen und andere Überquerungshilfen wie z. B. eine Ampel. Es gilt der Grundsatz: Lieber Umwege gehen; der kürzeste Weg ist nicht immer der beste!

Hinweise zu den Aufgaben

1 Zuerst betrachten die Kinder die oberen sechs Bilder und beschreiben das sichere Überqueren der Straße ohne Hilfsmittel. Dafür üben sie Merksätze „Links–rechts–links, Augen auf, das bringt's!" oder „STEHEN – SEHEN – GEHEN".

2 Die Kinder vergleichen jeweils auf drei Bildern das Verhalten von Kindern an einem Zebrastreifen und an einer Ampel. Sie erkennen falsches Verhalten. Wichtig ist, dass Kinder beim Überqueren an einem Fußgängerüberweg mit Zebrastreifen immer den Arm ausstrecken, Blickkontakt zur Autofahrerin/ zum Autofahrer suchen und sich vergewissern, dass das Fahrzeug hält, bevor sie loslaufen.

Differenzierung

Sprachförderung
- *Wortbaustein „über"*: Das Wort „überqueren" analysieren und weitere Wörter auf ihre Bedeutung hin untersuchen, die mit dem Wortbaustein *über* gebildet werden: überreichen, übersehen, überbieten, überfliegen, übermalen, überbacken, übertönen, überholen, überhitzen, übernachten.

Ideen für die Weiterarbeit

Das sichere Überqueren einer Straße kann zunächst auch im Klassenzimmer, Schulflur oder Schulhof geübt werden. Dafür gestalten die Kinder mit Kreide und Verkehrszeichen aus Pappe unterschiedliche Verkehrssituationen.

Kompetenzen und Lernziele

Die Kinder

• lernen die Verkehrszeichen kennen:
Haltestelle für Linienbusse oder Straßenbahnen,
Radweg, Gehweg, Beginn eines verkehrsberuhigten
Bereichs, Fußgängerüberweg, Ampel für Fuß-
gängerinnen/ Fußgänger.

Vorbereitung und Material

• → KV 11: Verkehrszeichen-Paarspiel 1

Einstieg

Die Lehrkraft heftet die Verkehrszeichen an die Tafel
und fragt, wer diese Zeichen schon kennt und was sie
bedeuten.

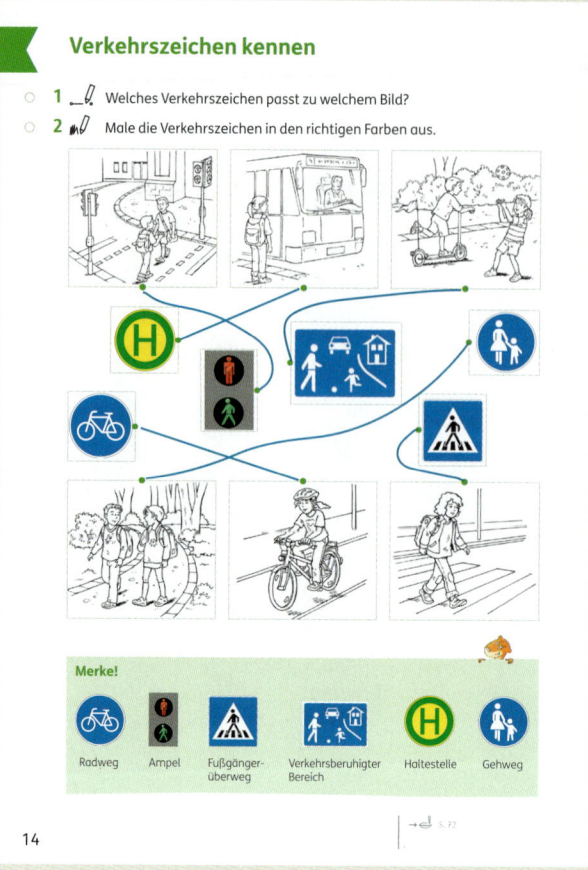

Hinweise zu den Aufgaben

1 Nachdem die Kinder die Bedeutung der Verkehrszeichen gelernt haben, können sie die entsprechenden Abildungen zuordnen.

2 Zur Festigung malen sie die Verkehrszeichen in der
richtigen Farbe aus und vergleichen mit den vorhan-
denen Abbildungen.

Ideen für die Weiterarbeit

• Verkehrsschilder-Rätsel ausdenken, dabei nochmals die Abbildungen beschreiben
• „Was erkennst du auf den Bildern und auf den Verkehrszeichen?"
• Bearbeitung der KV 11 (Verkehrszeichen-Paarspiel)
zur Festigung

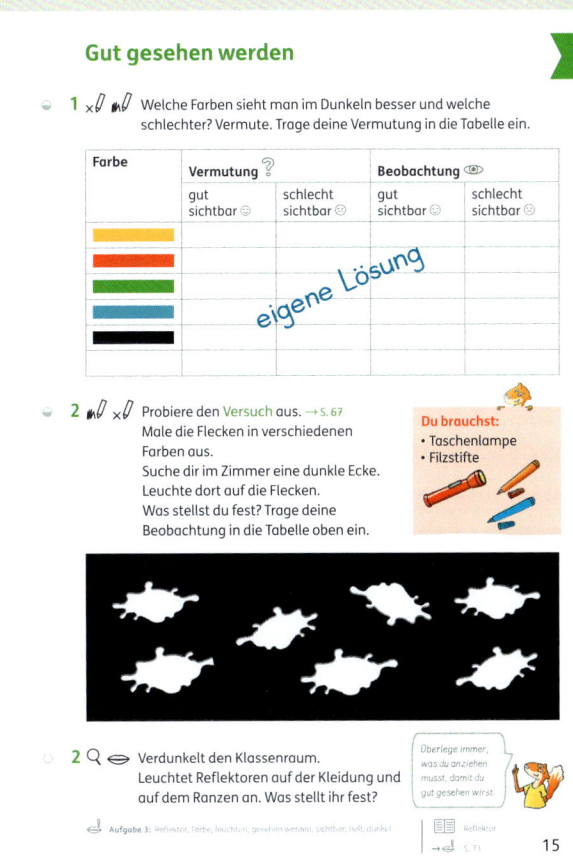

Kompetenzen und Lernziele

Die Kinder
- erkennen, dass man beim Tragen von heller und reflektierender Kleidung besser im Straßenverkehr gesehen wird.
- lernen den Versuch als neue Methode kennen (Methodenseite 67).
- lernen die Tabelle als Form des Protokolls kennen.

Vorbereitung und Material

- verschiedene Reflektoren
- Warnweste
- Film „Sichtbarkeit im Dunkeln" (Digitaler Unterrichtsassistent oder www.grundschul-blog.de)

Einstieg

Die Lehrkraft betritt den verdunkelten Klassenraum in dunkler Kleidung. Dann zieht sie sich eine Warnweste über und fragt die Kinder: „Warum trägt man Warnwesten?" Alternativ kann der Film „Sichtbarkeit im Dunkeln" angeschaut werden. Der Begriff „Reflektor" muss erklärt werden.

Allgemeine Hinweise

Trotz erheblichen Verkehrswachstums ist die Zahl der im Straßenverkehr getöteten Kinder in den vergangenen 30 Jahren deutlich gesunken.
Die Zahl der Unfälle nimmt in der dunklen Jahreszeit deutlich zu, die Schulwegunfälle von Kindern als Fußgänger morgens zwischen 7 und 8 Uhr: 43 Prozent dieser Unfälle fielen im Jahr 2010 in die vier Monate November bis Februar, 64 Prozent in die Zeit zwischen Oktober und März. (Quelle: http://www.verkehrs wacht-medien-service.de/szs_sichtbarkeit_dunkelheit.html)

Hinweise zu den Aufgaben

1 Symbolik „?" und „Auge" werden durch die Lehrkraft geklärt. Die Kinder äußern ihre Vermutungen und kreuzen an.

2 Die Kinder führen den Versuch durch, beobachten und ordnen die Ergebnisse dem Protokoll zu. Anschließend vergleichen sie und ermitteln, ob alle Vermutungen stimmten.

3 Die Kinder erkennen den Zusammenhang, dass Kleidung in hellen Farben im Dunkeln besser gesehen wird. Die Bedeutung und Notwendigkeit der Reflektoren wird im Versuch deutlich.

Seite 16

Kompetenzen und Lernziele

Die Kinder

- nutzen und systematisieren ihre Kenntnisse über Verkehrsregeln und Verkehrszeichen.
- wenden ihr Wissen spielerisch, forschend und praktisch an.
- arbeiten selbstständig in verschiedenen Sozialformen an den Angeboten, je nach Interesse und Neigung.

Vorbereitung und Material

- Kleidungsstücke für Verkehrsmodenschau
- Häuser, Fahrzeuge, Kreide
- Wortkarten
- Materialliste für Verkehrsschilder
- → KV 12: Verkehrszeichen-Paarspiel

Hinweise zu den Aufgaben

1 Verkehrsmodenschau:
- es werden Kleidungsstücke geprüft, die die Kinder an diesem Tag anhaben
- dabei wird anschaulich vertieft, dass helle Kleidung bei Dunkelheit deutlicher gesehen wird

2 Verkehrsgarten:
- Kinder bauen mit mitgebrachten Häusern, Fahrzeugen, kleinen Figuren einen Verkehrsgarten
- Ziel ist Vertiefen und Verdeutlichen des angeeigneten Wissens, insbesondere das Verhalten als Fußgängerin/ Fußgänger, durch spielerische Anwendung

3 Verkehrsschilder:
- in Zusammenarbeit mit dem Werkunterricht
- Materialliste aufstellen und an die Kinder mit Aufträgen verteilen, Präsentieren der Ergebnisse vor der Klasse

4 Verkehrsspiel:
- Vorschläge für die Bild- und Wortkarten:
  - Radweg, Fußgängerüberweg, Ampel, Haltestelle, verkehrsberuhigter Bereich, Gehweg, Fahrradhelm, Schülerlotse
  - das Wissen über Verkehrsschilder wird durch das selbstständige Herstellen gefestigt

- KV 12 kann die Arbeit erleichtern, hier sind die Verkehrszeichen auszumalen

Forscherfragen:
- In welchen Ländern fährt man auf der linken Straßenseite?
  In folgenden europäischen Ländern gibt es Linksverkehr: Großbritannien, Irland, Isle of Man, Guernsey, Jersey (Rechtsverkehr während der deutschen Besatzung 1941–1945), Malta, Zypern (auch in Nordzypern)
- Wie wäre es ohne Regeln im Straßenverkehr?
  Regeln sind wichtig für den Straßenverkehr, denn sie ermöglichen vorhersehbares Verhalten. Sie erleichtern das Miteinander und können im Ernstfall Leben retten.

Kompetenzen und Lernziele

Die Kinder
- nutzen ihre Vorerfahrungen über die Veränderungen der Bäume in den Jahreszeiten.
- lernen die Veränderungen eines Laubbaumes in den vier Jahreszeiten kennen.
- ordnen die Entwicklung von Blatt, Blüte und Frucht der Jahreszeit zu.

Vorbereitung und Material

- großes Papier (Flipchart-Papier oder Packpapier)
- Kisten für das beim Unterrichtsgang gesammelte Material
- alte Bücher zum Pressen der Blätter
- Fotoapparat
- Papier für Skizzen und Notizen

Einstieg

Die Lehrkraft führt einen Unterrichtsgang durch, bevor im Arbeitsheft gearbeitet wird. Dabei werden Bäume in der Umgebung besucht und benannt. Material (Äste, Blätter, Früchte) für die Weiterarbeit im Kapitel können gesammelt und Blätter gleich gepresst werden.

Allgemeine Hinweise

Die vier Jahreszeiten und die damit verbundenen Erscheinungsformen in der Natur sind durch den Umlauf der Erde um die Sonne bedingt. Durch die Neigung der Erdachse um ca. 23° kehrt die Erde der Sonne ein halbes Jahr die Nordhalbkugel und dann die Südhalbkugel zu. Dadurch differieren die Intensität, die Dauer sowie der Winkel der Lichteinstrahlung auf der Erde.

Hinweise zu den Aufgaben

Beim Unterrichtsgang fertigen die Kinder Skizzen von ihrem Lieblingsbaum an bzw. machen Fotos (möglichst von Laub- und Nadelbäumen). Sie erzählen frei über ihre Erfahrungen mit Veränderungen in der Natur.

1 Kinder beschreiben die Veränderungen an den Bäumen, bestimmte Kriterien vorgeben: Woran wird die Jahreszeit erkennbar? Was beobachtest du bzgl. der Blätter, Blüten und Früchte?

2 Das Anmalen der Rahmen in den Farben des Jahreszeitenkreises dient der Festigung, Kinder mit Schrifterfahrungen können die Namen der Jahreszeiten darunter schreiben.

Ideen für die Weiterarbeit

- Weitere Möglichkeiten der Arbeit mit dem Bild: Beschreiben des unterschiedlichen Verhaltens der Tiere, der unterschiedlichen Blumen und Wettererscheinungen vertieft die Jahreszeitenkenntnisse.
- Kinder sammeln Bilder von unterschiedlichen Bäumen, ein Jahreszeiten-Baum-Plakat kann damit erstellt werden.
- Kinder malen auf Packpapier einen großen Baum, den „Klassenbaum", der mit den Naturmaterialien ausgestaltet bzw. beschriftet werden kann.

Seite 18, 19

Kompetenzen und Lernziele

Die Kinder
- benennen die Teile eines Baumes.
- lernen die Unterschiede zwischen Laub- und Nadelbaum kennen.
- lernen die Blätter und Früchte ausgewählter Laub- und Nadelbäume kennen und können sie danach bestimmen.

Vorbereitung und Material

- Ast eines Laub- und eines Nadelbaumes
- → KV 13: Baumpuzzle
- → KV 14: Blätterpuzzle

Einstieg

Die Lehrkraft bringt den Ast eines Nadelbaumes und eines Laubbaumes mit in die Schule und beginnt dazu ein Unterrichtsgespräch: „Was ist das?"/„Worin unterscheiden sich die beiden Äste?" / „Welche Laub- und Nadelbäume kennt ihr bereits?"

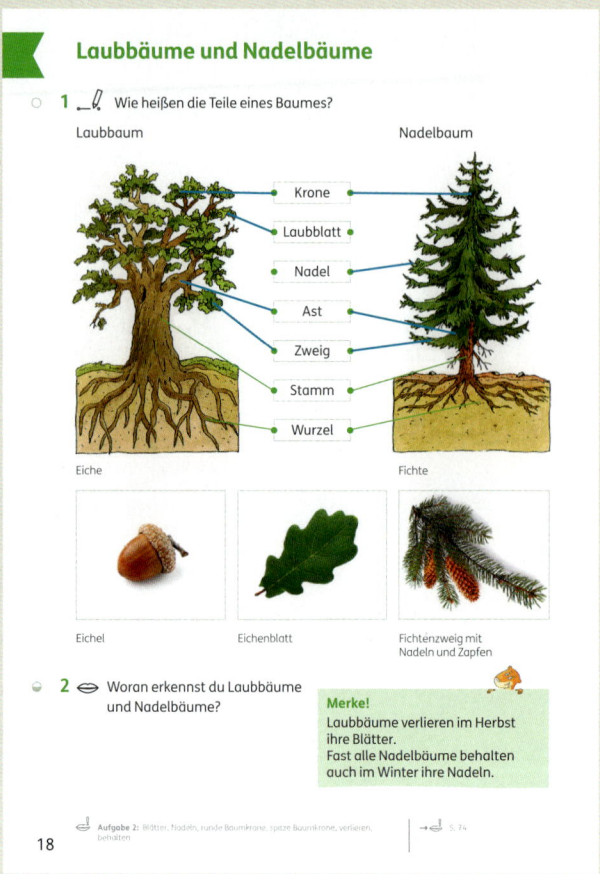

Allgemeine Hinweise

Die Botanik unterscheidet Bäume so:
Laubhölzer sind Bäume und Sträucher mit flächigen, vielgestaltigen Blättern. Ihre Samen sind in einem Fruchtknoten eingeschlossen.
Laubbäume haben verschiedene Blattformen und -ränder, mit deren Hilfe man sie unterscheiden lernen und somit auch erkennen kann. Typische Blattformen sind: lanzettförmig, oval, pfeilförmig, nierenförmig, rund oder eiförmig, ungeteilt, einfach gefiedert. Blatt-ränder werden so unterschieden: gesägt/gezähnt, gebuchtet, gelappt, gekerbt oder glattrandig.
Nadelhölzer sind meist immergrün (Ausnahme: die Lärche, deshalb eignet sie sich auch nicht als Weih-nachtsbaum), stark verzweigt, häufig harzig und ha-ben nadelförmige Blätter.
Nadelbäume wachsen vor allem dort, wo es kalt oder trocken ist und wo wenig Humus im Boden ist. Sobald die Bedingungen besser sind, werden sie häufig von Laubbäumen verdrängt.

Hinweise zu den Aufgaben

1 Das Bild oben wird gemeinsam betrachtet, die Begriffe werden vorgelesen und zugeordnet.

2 Nun vergleichen die Kinder die Abbildungen und erfassen die Merkmale von Laub- und Nadelbäumen. Im Merksatz ist ein wichtiger Unterschied festgehalten.

3 Auf Seite 19 lernen die Kinder einige Laub- und Nadelbäume mit ihren Blättern und Früchten kennen und wenden ihr Wissen aus Aufgabe 2 an, um die Laubbäume zu erkennen. Diese Seite dient auch zur Vorbereitung für Aufgabe 1 auf Seite 20.

4 Während eines Unterrichtsganges oder als Haus-aufgabe werden Blätter/Nadeln und Früchte von Bäumen in der Umgebung gesammelt. Gemeinsam werden Kriterien besprochenen (Blattform, Blattfarbe, Blattrand, Frucht mit oder ohne Stacheln, …) und das Material geordnet.
Anschließend können die Materialien den richtigen Bäumen zugeordnet werden. Die Kinder beschreiben die Merkmale genau, um so Unterschiede ableiten zu können. Daraus entwickeln sie Merkhilfen, wie sie die Bäume unterscheiden können.

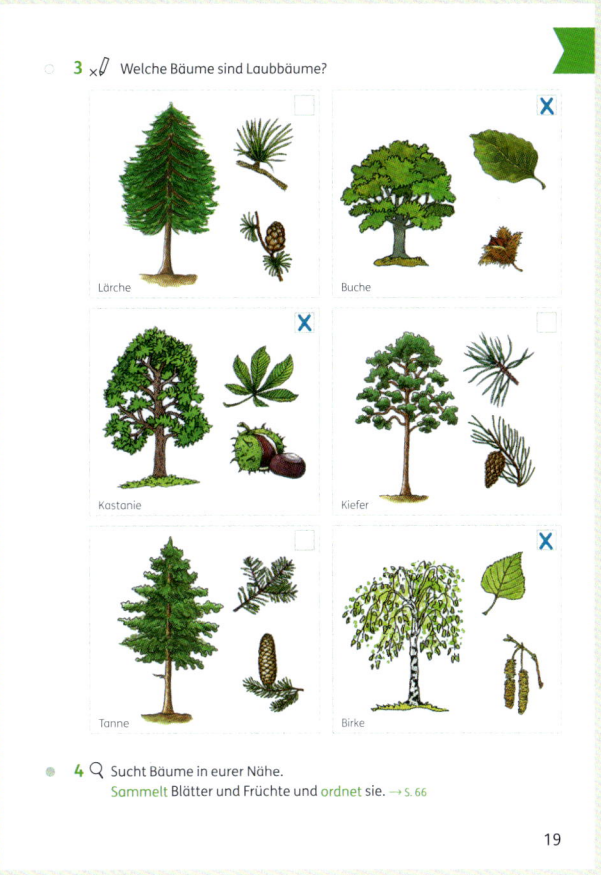

3 ✗✐ Welche Bäume sind Laubbäume?

Lärche

Buche ✗

Kastanie ✗

Kiefer

Tanne

Birke ✗

4 🔍 Sucht Bäume in eurer Nähe.
Sammelt Blätter und Früchte und ordnet sie. → S. 66

19

Differenzierung

Sprachförderung

• *Silbenspiel:* Ein Silbenspiel mit Baumnamen spielen: „Nenne mir einen Baumnamen mit einer Silbe oder zwei/drei/vier Silben." Ggf. dazu die Silben klatschen, tippen oder schreiten lassen.

Ideen für die Weiterarbeit

• *Paarspiel mit Naturmaterialien:* Immer zwei Exemplare gesammelter Blätter und Früchte von Bäumen aus der Umgebung wie ein Legespiel auf dem Tisch anordnen; Materialien mit kleinen Servietten oder Taschentüchern bedecken oder Pappbecher darüberstülpen. Immer zwei Materialien aufdecken und benennen lassen; Ziel: Paare finden und sammeln.

• Kinder können sich einen „Beobachtungsbaum" in der Schulumgebung aussuchen, den sie in regelmäßigen Abständen besuchen und dessen Veränderung innerhalb eines Schuljahres sie dokumentieren, in Verbindung mit Deutsch oder Kunst kann die Langzeitbeobachtung in Form eines Baumtagebuches dargestellt werden.

Literatur- und Link-Tipps

• Projektheft „Bäume", aus der Reihe: Zebra Sachunterricht 1–2, Klett Verlag, Stuttgart

• https://naturdetektive.bfn.de/lexikon/jahreszeiten/herbst/baeume-im-herbst.html

Seite 20

Kompetenzen und Lernziele

Die Kinder
• können ausgewählten Laub- und Nadelbäumen Blätter und Früchte zuordnen.

Vorbereitung und Material

• Lösungsblatt vorbereiten (z. B. Bild rechts auf Kopierer vergrößern)
• Nachschlagewerke zu Laub- und Nadelbäumen
• Bilder oder Originale von Blättern, Früchten etc.
• Fotos von Bäumen
• → KV 13: Baumpuzzle
• → KV 14: Blätterpuzzle
• → KV 15: Verschiedene Bäume

Einstieg

Nach der ausführlichen Beschreibung der Blätter, Früchte und Bäume auf den Seiten 18 und 19 wird hier nun das Wissen angewendet. Die Lehrkraft könnte fragen: „Wer ist denn nun schon ein Baumexperte und kann alle Blätter und Früchte richtig zuordnen?"

Bäume bestimmen

1 ✂ ▯ Welche Blätter und Früchte gehören zu welchem Baum?

Birke · Kiefer · Kastanie · Buche · Tanne · Eiche

20

Hinweise zu den Aufgaben

1 Die Kinder schneiden die Bilder auf Seite 77 aus und ordnen den Bäumen ihre Früchte und Blätter zu. Bevor die Kinder die Bilder aufkleben, sollten sie sie zuerst nur auflegen. Nach der Kontrolle mit Hilfe eines Lösungsblattes erfolgt das Aufkleben. Die Kontrolle kann z. B. in Partnerarbeit erfolgen.
(Lösung siehe Abbildung oben)

Ideen für die Weiterarbeit

• Mit Hilfe der KV 13 (Baumpuzzle) und KV 14 kann das unterschiedliche Erscheinungsbild bewusst gemacht und trainiert werden. Beide KVs können auch als Spielvorlage genutzt werden.
• Herbarium mit den gepressten Blättern anlegen (Name, Datum, Fundort)
• Die Kinder können sich einen Baum aussuchen und dazu ein Plakat erstellen. Diese Aufgabe könnte auch gemeinsam in Kleingruppen erfüllt werden. Die Plakate werden der Klasse vorgestellt und dann im Klassenzimmer ausgestellt.

Seite 21

Kompetenzen und Lernziele

Die Kinder
- erstellen einen Steckbrief zu einem ausgewählten Baum.
- lernen die Entwicklung eines Baumes kennen.

Vorbereitung und Material

- Keimling vorziehen
- Bildmaterial von verschiedenen Entwicklungsstufen eines Baumes
- → KV 16: Ein Baum entsteht
- → KV 17: Das Alter eines Baumes
- → KV 18: Alles aus Holz?

Einstieg

Die Lehrkraft könnte einen Keimling z. B. von einer Eiche mitbringen und die Kinder fragen: „Was ist das?". Danach wird die Entwicklung eines Baumes anhand von Fotos betrachtet.

Allgemeine Hinweise

Kinder können sich nur schwer vorstellen, wie ein Baum entsteht. Besonders beeindruckend ist, wenn man im Frühjahr Keimlinge in der Natur findet und diese zeigen kann. Aber auch im Klassenzimmer kann man diese Keimlinge ziehen. Dazu kann man Früchte von Ahorn, Buche, Kastanie oder Eiche in einen Topf einpflanzen und immer gut gießen. Die Erkenntnis, dass alle Bäume aus solch kleinen Keimlingen entstehen und sie sehr lange wachsen müssen, um groß zu werden, verdeutlicht den Kindern, wie wichtig es ist, Bäume zu schützen.

Hinweise zu den Aufgaben

2 Nachdem die Kinder sich intensiv mit Laub- und Nadelbäumen beschäftigt haben, suchen sie sich einen Baum aus und schreiben/malen einen Steckbrief dazu.

3 Die Kinder haben im Unterrichtsgespräch die Entwicklung eines Baumes besprochen und wenden dieses Wissen nun am Beispiel der Buche an. Weiterführend kann an dieser Stelle auch die KV 16 verwendet werden.

Ideen für die Weiterarbeit

- Langzeitbeobachtungen von neu gepflanzten Bäumen in der Umgebung.
- Selber einen „Klassenbaum" pflanzen und beobachten; dabei könnte die Entwicklung durch Fotos dokumentiert werden.
- Wie man das Alter eines Baumes bestimmen kann, kann mit Hilfe der KV 17 geübt werden.
- Die Nutzung von Holz kann thematisiert werden. Die KV 18 hilft dabei mit der Frage: „Welche Gegenstände sind aus Holz?"

Seite 22

Kompetenzen und Lernziele

Die Kinder

- nutzen und systematisieren die Kenntnisse über Bäume.
- wenden ihr Wissen spielerisch, forschend und praktisch an.
- arbeiten in verschiedenen Sozialformen selbstständig an den Angeboten der Seite, je nach Interesse und Neigung.

Vorbereitung und Material

- Schuhkartons und Baummaterial aus dem Unterrichtsgang
- gepresste Blätter unterschiedlicher Bäume
- Bücher zum Pressen der Blätter
- Blätter und Früchte

Hinweise zu den Aufgaben

1 Baumkisten:

- Das im Unterrichtsgang gesammelte Material wird verwendet und geordnet mit dem Ziel, die Artenkenntnis zu festigen.

2 Blättertiere:

- Die Kinder gestalten sog. Blätter-Tiere. Dafür trocknen/pressen sie gesammelte Blätter, legen diese zunächst auf ein Blatt Papier zu einem Tier und kleben dieses dann auf. Sie können ihren Blätter-Tieren Namen geben. Die Ergebnisse können in der Klasse ausgestellt werden.

3 Herbarium:

- Die Kinder legen ein Herbarium an, dies ist ein eigenes Pflanzenbestimmungsbuch der Klasse und kann immer ergänzt werden.

4 Bäume erraten:

- Bei diesem Spiel sollen die Kinder anhand der erarbeiteten Merkmale Blätter und Früchte erkennen, indem sie sie erfühlen. Dazu kann ein Fühlsäckchen oder ein Karton mit seitlichem Eingriffloch verwendet werden.

Forscherfragen:

- Warum werden Wälder die „Grüne Lunge" genannt? Bäume wandeln mit Hilfe des grünen Farbstoffes Chlorophyll Wasser und Kohlendioxid in Zucker und Sauerstoff um. Außerdem filtern die Bäume Staub und Dreck aus der Luft. Viele Bäume in einem Wald produzieren also den für uns so wichtigen Sauerstoff und wirken somit als „grüne Lunge".
- Warum verlieren die Bäume im Herbst ihre Blätter? Im Herbst bereiten sich heimische Laubbaumarten auf den Winter vor. Dafür werfen sie ihre Blätter ab, um den Wasserverlust durch Verdunstung über die Blattoberfläche zu verringern. Im Herbst nehmen die Wurzeln immer weniger Wasser auf. Im kalten Winter wird die Wasseraufnahme dann ganz eingestellt. Da über die Blätter aber weiter Wasser verdunstet, würde der Baum schließlich austrocknen. Durch das Abwerfen der Blätter wird die Verdunstung stark eingeschränkt.

Kompetenzen und Lernziele

Die Kinder
- gewinnen Einblick in das Thema Wetter.
- nutzen ihr Vorwissen über Wettererscheinungen.
- kennen Wettererscheinungen in den Jahreszeiten.
- kennen Symbole zur Dokumentation der Wetterbeobachtungen.

Vorbereitung und Material
- Wetterberichte aus Zeitungen
- Kleidungsstücke für verschiedene Wetterlagen
- → KV 19: Winter-Sommer-Mode (Jungen)
- → KV 20: Winter-Sommer-Mode (Mädchen)

Einstieg

Das aktuelle Wetter kann als thematischer Einstieg genutzt werden, auch verschiedene Wetterberichte könnten vorgelesen werden. Alternativ können Kleidungsstücke für verschiedene Wetterlagen ausgestellt werden.

Allgemeine Hinweise

Wetter ist der spürbare Zustand der Atmosphäre an einem bestimmten Ort.
Wetter kann unter anderem als Sonnenschein, Bewölkung, Regen, Hagel, Graupel, Hitze oder Kälte in Erscheinung treten.

Hinweise zu den Aufgaben

1 Unterrichtsgespräch zu den vier Bildern, die Kinder können von eigenen Erfahrungen berichten. Sie sprechen zu ihnen bekannten Wettererscheinungen und finden treffende Bezeichnungen (sonnig, wolkig, kalt, warm, heiß, trocken, regnerisch, windig, windstill...), evtl. als Tafelanschrieb sammeln.

2 Die Wetterzeichen können die meisten Kinder ohne Vorwissen zuordnen, wobei der Windsack als Symbol für den Wind möglicherweise erklärt werden sollte.

3 Bevor die Kinder die Frage nach ihrem Lieblingswetter beantworten, sollte man nochmals über die Bilder sprechen. Nicht alle Kinder empfinden die Wettersituationen gleich. Sowohl angemessene Kleidung, als auch persönliches Empfinden und Vorlieben spielen dabei eine Rolle. So friert das Mädchen im Winter (Bild 3) trotz fehlender Mütze und fehlenden Handschuhen offensichtlich nicht. Der Junge fühlt sich im Sommer (Bild 1) trotz Schattenplatz nicht wohl, wenn es sehr warm ist.

Ideen für die Weiterarbeit
- Spielerisch kann das Thema wettergerechte Kleidung mit den KV 19 und 20 vertieft werden.

Seite 24, 25

Kompetenzen und Lernziele

Die Kinder

- erkennen Wettererscheinungen.
- erkennen Wettersymbole.
- beobachten das Wetter und tragen die Beobachtungen in eine Tabelle ein.
- können einfache Wetterberichte lesen.

Vorbereitung und Material

- Bilder von verschiedenen Berufen

Einstieg

Die Lehrkraft fragt die Kinder: „Welche Wettererscheinungen kennt ihr?" Als Hilfestellung kann sie an die verschiedenen Jahreszeiten erinnern. Sie schreibt die genannten Wettererscheinungen an die Tafel. Dann kann mit dem Sachheft Seite 24 verglichen werden, ob alle Wettererscheinungen genannt wurden.

Allgemeine Hinweise

Verhalten bei Gewitter:
Blitze schlagen immer in die höchsten Objekte oder Gebäude ein. Deshalb:

- nicht unter Bäumen stellen (auch nicht in die Nähe von Türmen, Strommasten, Laternen…)
- niemals bei Gewitter baden oder mit dem Boot fahren
- keinen Regenschirm benutzen
- auf freier Fläche mit geschlossenen Füßen hinhocken und Hände auf den Kopf legen (nicht auf den Boden legen, das würde die Angriffsfläche vergrößern), wenn möglich eine Mulde suchen
- beim Radfahren absteigen und vom Fahrrad entfernen (*Quelle: www.wetter.de*)

Hinweise zu den Aufgaben

1 Die Kinder ordnen den Bildern die Wettererscheinungen zu.

2 Das Vorwissen der Kinder über Wetterberichte im Fernsehen, im Internet, über Wetter-Apps und in Zeitungen wird hier abgefragt.

3 Die einfachen Wettersymbole werden von den Kindern den Wortkarten richtig zugeordnet.

4 Die Kinder erkennen das aktuelle Wetter und dokumentieren es mit Hilfe der Wettersymbole. Hierbei geht es erst einmal nur um die Fragen: „Gibt es Regen, Schnee, Wind, Wolken, Sonne zum beobachteten Zeitpunkt. Die Intensität spielt noch keine Rolle. Der erste Beobachtungstag sollte gemeinsam ausgefüllt werden. Nach Möglichkeit sollte immer in der Schule, etwa zur gleichen Uhrzeit, beobachtet und dokumentiert werden.

5 Das Lesen einer Wetterkarte wird mit einfachen Symbolen geübt. Da alle Symbole bekannt sind, könnte diese Aufgabe in Partnerarbeit erfolgen. Die Kinder stellen sich gegenseitig Fragen zur Karte: „Wie ist das Wetter in x?", „In welchen Orten scheint die Sonne?" „Wo ist es windig?"…

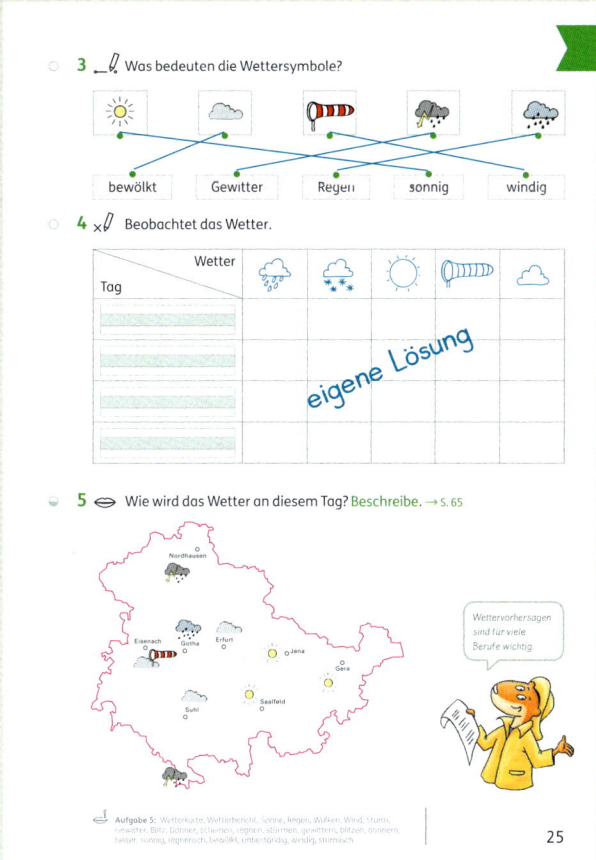

Ideen für die Weiterarbeit

- Die Frage von Piri „Wie verhältst du dich im Freien bei Gewitter?" sollte besprochen werden. (siehe „Allgemeine Hinweise")
- Ausgehend von der Piri-Aussage „Wettervorhersagen sind für viele Berufe wichtig." können gemeinsam Berufe gesammelt werden, die vom Wetter abhängig sind. Die Ergebnisse können, auch mit Hilfe von Bildern der Berufe, an der Tafel festgehalten werden:

wetterabhängige Berufe	wetterunabhängige Berufe
Landwirt:in, Dachdecker:in, Bauarbeiter:in, Briefzusteller:in, Müllabfuhr	Lehrer:in, Krankenschwester, Pfleger:in

Interessant wird die Diskussion bei z. B. einem Verkäufer/einer Verkäuferin. Im Supermarkt ist dieser Beruf nicht wetterabhängig, aber auf einem Markt im Freien schon.

Literatur- und Link-Tipps
- www.blinde-kuh.de (Wetter für Kinder)

Seite 26

Kompetenzen und Lernziele

Die Kinder
- wenden ihr Wissen spielerisch, praktisch und forschend an.
- arbeiten selbstständig in verschiedenen Sozialformen, je nach Neigung und Interessen.
- festigen und erweitern ihr erworbenes Wissen zum Wetter.

Vorbereitung und Material

- Pappröhren, Klebeband, Reißzwecken, Reis, Erbsen, kleine Steine ...
- Pappkiste, Schere, Wetterkarte (Wettervorhersage)
- → KV 21: Paarspiel – Wetter und Kleidung

Einstieg

Die Lehrkraft fragt die Kinder: „Welche Wettererscheinungen kennt ihr?" Als Hilfestellung kann sie an die verschiedenen Jahreszeiten erinnern. Sie schreibt die genannten Wettererscheinungen an die Tafel. Dann kann mit dem Sachheft Seite 24 verglichen werden, ob alle Wettererscheinungen genannt wurden.

Hinweise zu den Aufgaben

1 Regenmacher:
- Regenmacher wird wie in der Illustration ersichtlich hergestellt (geeignet sind Pappröhren aus Haushaltsrollen), mit verschiedenen Materialien können unterschiedliche Geräusche erzeugt werden (Reis, Steinchen, Erbsen).

2 Wettervorhersage:
- Die Idee einer nachgespielten Wettervorhersage kann zum Abschluss der Unterrichtseinheit aufgegriffen werden. Die Kinder können dafür auch eigene Wetterkarten zeichnen.

3 „Wetter und Kleidung":
- Spiel auf KV 21 wird evtl. auf Pappe geklebt und ausgemalt, ausgeschnitten und wie ein Paarspiel gespielt.

4 Wettermassage:
- Die Kinder sitzen im Kreis und führen die Bewegungen, wie in der Illustration dargestellt, auf dem Rücken der Nachbarin/ des Nachbarn aus.

Forscherfragen:

- Was sind Hoch- und Tiefdruckgebiete?
  Wenn die warme, feuchte Luft nach oben steigt und abkühlt, sinkt der Luftdruck auf der Erde, weil weniger Luft da ist. Es entsteht ein Tiefdruckgebiet. Es bilden sich Wolken und es kann regnen oder schneien.
  In den Hochdruckgebieten sinken die Luftmassen wieder nach unten. Trockene, kalte Luft erwärmt sich auf der Erde. Der Himmel ist klar und es ist schönes Wetter.
- Wie entsteht ein Regenbogen?
  Ein Regenbogen entsteht, wenn das Licht aus einem bestimmten Winkel auf einen Wassertropfen trifft. Wenn die Sonne scheint und es gleichzeitig regnet, kann man einen Regenbogen sehen. Dafür muss man aber mit dem Rücken zur Sonne stehen. Das weiße Licht wird von den Wassertropfen reflektiert und in verschiedene Farben zerlegt. Rund ist der Regenbogen, weil die Regentropfen auch rund sind. Wir sehen nur einen Bogen bzw. Halbkreis, weil der andere Teil im Erdboden verschwindet. Aus einem Flugzeug sieht man den ganzen Kreis. Man sieht meist sechs Regenbogenfarben: Violett, Blau, Grün, Gelb, Orange und Rot.

Kompetenzen und Lernziele

Die Kinder
- nutzen ihre Vorerfahrungen über jahreszeitliche Veränderungen in der Natur.
- beobachten die typischen Erscheinungen im Winter.
- erfahren, wie wichtig die Hilfe des Menschen für die Tiere ist und warum.

Vorbereitung und Material

- Bildmaterial zu Tierspuren
- Kastanien, Eicheln, Körner, Meisenring, Nüsse, Stroh, Möhren, Äpfel

Einstieg

Es werden verschiedene Futtermittel auf einem Tisch zum Betrachten bereitgelegt (Kastanien, Eicheln, Körner, Meisenring, Nüsse, Stroh, Möhren, Äpfel). Die Kinder stellen zuerst Vermutungen über die Situation der Tiere im Winter an und erzählen von ihren Erfahrungen. Anschließend sortieren sie gemeinsam, welche Futtermittel für wen bestimmt sein könnten.

Allgemeine Hinweise

Wildtiere wie Rehe und Wildschweine dürfen nur von einer Försterin/ einem Förster mit Futter versorgt werden. Kastanien und Eicheln kann man bei den Forststellen abgeben. Die Fütterung ist notwendig, da vor allem Rehe unter dem knappen Nahrungsangebot im Winter leiden.

Hinweise zu den Aufgaben

1 Kinder tauschen sich aus, welche Tiere sie entdecken und kennen und kreisen sie ein.

2 Kinder betrachten, wie den Tieren geholfen wird (Meisenringe und andere Fütterungsmöglichkeiten anbringen, Vogelhäuschen bauen, Futter rechtzeitig sammeln, regelmäßig füttern, wenn es notwendig ist); daraus erwächst Verantwortung des Menschen für die Tiere.

Ideen für die Weiterarbeit

- Unterrichtsgang mit einer Försterin/ einem Förster in einer Futterstelle, Vorbereiten von Fragen an die Försterin/ den Förster
- Fressgewohnheiten der Tiere erkunden
- Beteiligung der Klasse an Sammelaktionen (Eicheln, Kastanien …)

Literatur- und Link-Tipps

- Rodrian, Fred: Hirsch Heinrich, Der Kinderbuchverlag, Berlin 2012
- https://naturdetektive.bfn.de/lexikon/jahreszeiten/herbst/winterfuetterung.html
- van Saan, Anita: Tiere im Winter, Naturführer aus der Reihe Expedition Natur, moses. Verlag, Kempen 2018

Kompetenzen und Lernziele
Die Kinder
- gewinnen Einblick in mögliche Überwinterungsstrategien der Tiere.
- kennen die Lebensweise ausgewählter Tiere im Winter.

Vorbereitung und Material
- Bilder der drei Tiere
- Wortkarten

Einstieg
Ausgehend vom Wimmelbild Seite 27 und dem Eingangstext wird besprochen, dass Tiere zum Überwintern unterschiedliche Strategien nutzen.

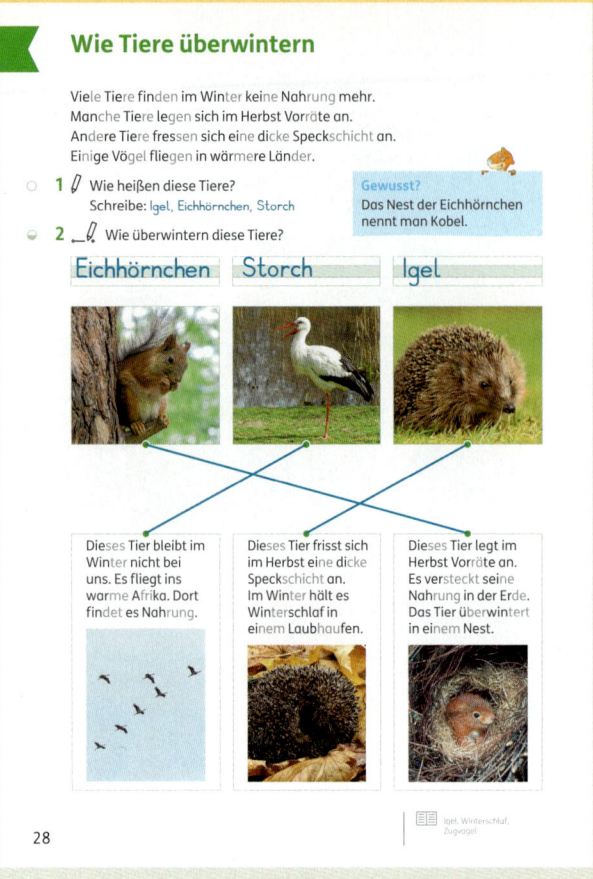

Allgemeine Hinweise

Man unterscheidet verschiedene Überwinterungsstrategien wie *Winterruhe:* (Hamster, Eichhörnchen), bei der sich Tiere im Herbst eine Speckschicht anfressen, *Winterschlaf:* (Igel, Murmeltier ...), Tiere überwintern frostgeschützt, Körperfunktionen auf ein Minimum eingeschränkt, *Winterstarre* (Frösche ...): wechselwarme Tiere verharren in frostgeschützten Verstecken, *Zugvögel, Standvögel* etc.

Hinweise zu den Aufgaben

1 Die Kinder ordnen den Tieren auf den Bildern ihre Namen zu und schreiben sie von der Vorlage ab.

2 Nun werden die Texte zu den Überwinterungsstrategien der Tiere gelesen und zugeordnet. Um sicherzustellen, dass die Kinder die Texte wirklich lesen und nicht über die Bilder zuordnen, sollten Fragen zum Text gestellt werden: „Wohin fliegt der Storch und warum fliegt er weg?"; „Was muss sich der Igel anfressen, bevor er Winterschlaf hält?"; „Wo überwintert der Igel häufig?"; „Wo versteckt das Eichhörnchen seine Nahrung für den Winter?"; „Wo überwintert das Eichhörnchen?"

Ideen für die Weiterarbeit

- Es kann recherchiert werden, wie andere Tiere überwintern.

Literatur- und Link-Tipps
- DVD „Nomaden der Lüfte – das Geheimnis der Zugvögel" (Arthaus 2001)
- www.vs-material.wegerer.at/sachkunde/
  su_tierwinter.htm
- https://www.kindernetz.de/wissen/tierlexikon/
  steckbrief-igel-100.html
- www.vs-material.wegerer.at/sachkunde/
  su_wildtiere.htm
- Meyers kleine Kinderbibliothek:
  Der Igel, Das Eichhörnchen, Meyer Lexikonverlag, Mannheim/Wien/Zürich 2004, 1999
- Lédu-Frattini, Stephanie: Das Eichhörnchen, Esslinger Verlag, Esslingen 2003
- Hédelin, Pascale: Das Reh, Esslinger Verlag, Esslingen 2008

Vögel im Winter

Manche Vögel überwintern nicht bei uns. Sie sind Zugvögel und fliegen im Herbst in warme Länder. Es gibt aber auch Vögel, die das ganze Jahr hier bleiben. Sie heißen Standvögel.

1 Erkennst du diese Standvögel auf den Fotos wieder? Beschreibe sie und ordne sie zu. ▸ S. 65

Amsel · Kohlmeise · Rotkehlchen · Sperling · Buchfink · Kleiber

29

Kompetenzen und Lernziele

Die Kinder
- erfahren etwas über die Lebensweise der Vögel im Winter.
- unterscheiden Stand- und Zugvögel.
- benennen und unterscheiden sechs Vertreter der Vögel an der Körperform und Gefiederfärbung.

Vorbereitung und Material

- Bilder von verschiedenen Vögeln oder Tierpräparate
- Vogelfutter, Meisenring
- Vogelbestimmungsbuch
- → KV 22: Vögel am Futterhaus
- → KV 23/24: Vögel am Futterhaus, Bilder, Texte
- → KV 25/26: Zugvögel, Bilder, Texte

Einstieg

Sollte auf dem Schulgelände ein Futterhaus sein, kann das Einstiegsgespräch dort geführt werden. Die Lehrkraft kann einen Meisenring, Vogelfutter und evtl. vorhandene Tierpräparate mitbringen. Oder die Kinder betrachten das Bild und berichten von ihren Beobachtungen und eigenen Erfahrungen.

Allgemeine Hinweise

Vögel, die bei uns bleiben, heißen Standvögel. Sie benötigen aber nur dann Nahrung, wenn es in der Natur nichts mehr gibt, bei viel Schnee und langem Frost. Vor dem Füttern sollte man sich informieren, welches Futter schädlich sein kann.

Hinweise zu den Aufgaben

1 Die Kinder vergleichen die Vögel auf dem Bild am Futterhaus mit den Fotos unten und ordnen zu, indem sie die Zahlen eintragen.
Wichtig ist, dass die Kinder die Vögel genau beschreiben und dabei auch die Unterschiede benennen. So lernen sie die Vögel auch in der freien Natur zu bestimmen.

Ideen für die Weiterarbeit

- Nutzen der KV 22 (Vögel am Futterhaus) zum Festigen der Namen und der Gefiederfarben
- KV 25/26 (Zugvögel, Bilder und Texte in drei Niveaustufen)
- KV 24/25 (Vögel am Futterhaus, Bilder und Texte in drei Niveaustufen) und als freies Schnippelmaterial mit unterschiedlichen Verwendungsmöglichkeiten (z. B. zur Herstellung von Büchern, Paarspielen, Dominos …)
- Federausstellung
- Vogelstimmen aus dem Internet anhören

Literatur- und Link-Tipps
- Burnie, David/Bailey, Jill: Naturführer für Kinder: Vögel, Dorling Kindersley, München 2009
- https://naturdetektive.bfn.de/lexikon/tiere/voegel/vogelfuetterung.html

Kompetenzen und Lernziele

Die Kinder
- gewinnen Einblick in mögliche Überwinterungsstrategien der Tiere.
- kennen die Lebensweise ausgewählter Tiere im Winter.

Vorbereitung und Material
- Bilder der drei Tiere
- Wortkarten

Einstieg

Ausgehend vom Wimmelbild Seite 27 und dem Eingangstext wird besprochen, dass Tiere zum Überwintern unterschiedliche Strategien nutzen.

Allgemeine Hinweise

Man unterscheidet verschiedene Überwinterungsstrategien wie *Winterruhe:* (Hamster, Eichhörnchen), bei der sich Tiere im Herbst eine Speckschicht anfressen, *Winterschlaf:* (Igel, Murmeltier …), Tiere überwintern frostgeschützt, Körperfunktionen auf ein Minimum eingeschränkt, *Winterstarre* (Frösche …): wechselwarme Tiere verharren in frostgeschützten Verstecken, *Zugvögel, Standvögel* etc.

Hinweise zu den Aufgaben

1 Die Kinder ordnen den Tieren auf den Bildern ihre Namen zu und schreiben sie von der Vorlage ab.

2 Nun werden die Texte zu den Überwinterungsstrategien der Tiere gelesen und zugeordnet. Um sicherzustellen, dass die Kinder die Texte wirklich lesen und nicht über die Bilder zuordnen, sollten Fragen zum Text gestellt werden: „Wohin fliegt der Storch und warum fliegt er weg?"; „Was muss sich der Igel anfressen, bevor er Winterschlaf hält?"; „Wo überwintert der Igel häufig?"; „Wo versteckt das Eichhörnchen seine Nahrung für den Winter?"; „Wo überwintert das Eichhörnchen?"

Ideen für die Weiterarbeit

- Es kann recherchiert werden, wie andere Tiere überwintern.

Literatur- und Link-Tipps
- DVD „Nomaden der Lüfte – das Geheimnis der Zugvögel" (Arthaus 2001)
- www.vs-material.wegerer.at/sachkunde/ su_tierwinter.htm
- https://www.kindernetz.de/wissen/tierlexikon/ steckbrief-igel-100.html
- www.vs-material.wegerer.at/sachkunde/ su_wildtiere.htm
- Meyers kleine Kinderbibliothek: Der Igel, Das Eichhörnchen, Meyer Lexikonverlag, Mannheim/Wien/Zürich 2004, 1999
- Lédu-Frattini, Stephanie: Das Eichhörnchen, Esslinger Verlag, Esslingen 2003
- Hédelin, Pascale: Das Reh, Esslinger Verlag, Esslingen 2008

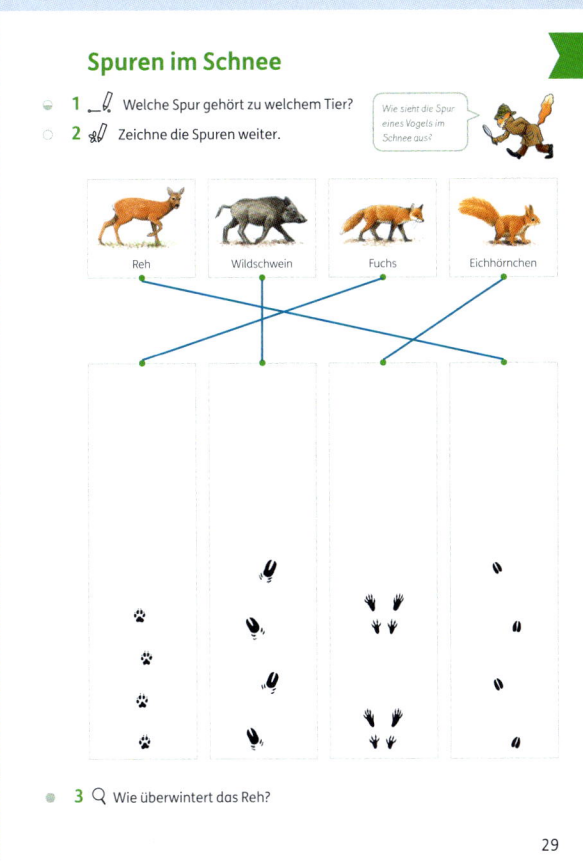

Kompetenzen und Lernziele

Die Kinder
- erkennen Spuren heimischer Tiere.
- recherchieren zur Frage, wie Rehe überwintern.

Vorbereitung und Material

- → KV 27: Domino – Spuren im Schnee

Einstieg

Abbildungen von verschiedenen Fußabdrücken (auch menschlichen) könnten auf dem Boden liegen. Die Lehrkraft stellt die Frage: „Was glaubt ihr, wer könnte hier gewesen sein?"

Hinweise zu den Aufgaben

1 Die Kinder erkennen, welches Tier welche Spuren im Schnee hinterlässt und ordnen zu.

2 Um die Spuren der Tiere logisch weiterzuzeichnen, müssen die Kinder genau schauen, wie die Tiere sich fortbewegen (Reh: Hufabdrücke; Wildschwein: Trittsiegel eines Paarhufers; Fuchs: Pfotenabdrücke; Eichhörnchen: Pfoten-Hüpfspur)

Ideen für die Weiterarbeit

- Mit Hilfe der KV 27 kann das Thema spielerisch vertieft werden.

Kompetenzen und Lernziele

Die Kinder
- erfahren, dass es von der Schnabelform abhängig ist, welche Nahrung die Vögel fressen.
- lernen, dass es Körnerfresser und Weichfutterfresser gibt.

Vorbereitung und Material

- Bilder von Vögeln beim Fressen
- Bilder von Weichfutter und Körnerfutter

Einstieg

Die Kinder betrachten die Fotos der fressenden Vögel und beschreiben die Unterschiede. Sie werden auf unterschiedliche Schnabelformen aufmerksam gemacht und sollen Vermutungen äußern, warum es unterschiedliche Formen gibt. Gemeinsam werden die Begriffe Körnerfresser und Weichfutterfresser geklärt.

Allgemeine Hinweise

Faustregel: Gefüttert wird erst, wenn eine geschlossene Schneedecke liegt und anhaltender Frost mit –5°C Nachttemperatur herrscht.
Wenn man mehrere kleine Futterplätze anlegt, verhindert man, dass die Vögel sich um einen Futterplatz streiten. Günstig ist es, wenn man den Futterplatz so beobachten kann, dass die Vögel möglichst wenig gestört werden – zum Beispiel vom Fenster aus.

Hinweise zu den Aufgaben

1 Nachdem die Kinder die Begriffe Weichfutterfresser und Körnerfresser verstanden haben, wenden sie ihr Wissen auf die Amsel und den Sperling an.

2 Kinder betrachten die Schnabelformen der abgebildeten Vögel, beschreiben sie, greifen dabei auf Kenntnisse aus dem Unterrichtsgespräch zurück, ordnen den Schnabelformen unterschiedliche Nahrung zu (Buchfink – Körnerfresser, Amsel – Weichfutterfresser).

3 Von allen Futtermitteln sollten wenigstens Bilder vorhanden sein. Ziel ist es zu verdeutlichen, dass falsches Futter Vögeln Schaden zufügen kann. Nach der Besprechung und der gemeinsamen Auswahl kreisen die Kinder die Abbildungen ein.

Ideen für die Weiterarbeit

- Futter auf das Fensterbrett streuen und beobachten, welche und wie viele Vögel kommen

Literatur- und Link-Tipps
- Berthold, Peter/Mohr, Gabriele: Vögel füttern – aber richtig, Kosmos Verlag, Stuttgart 2008
- www.nabu.de/naturerleben/onlinevogelfuehrer/

Vögel schützen

Viele Vögel sind bedroht, weil sich ihr Lebensraum verändert hat. Manche finden nicht mehr genug Futter oder Brutmöglichkeiten.

1 👄 Wie versuchen die Menschen, Vögel zu schützen?

Nisthilfen anbringen

Vogelschutzgebiet

Gewusst?
Im Frühjahr gibt es eine "Stunde der Gartenvögel".
Eine Stunde lang werden alle Vögel notiert und dem Naturschutzbund (NABU) gemeldet.

Vogelfütterung

2 ✏️ Was kannst du tun, um Vögel zu schützen?

> Ich könnte einen Nistkasten aufbauen.
> Bei Schnee und Eis könnte ich den Vögeln Futter geben.

3 🔍 Wie heißt der Vogel des Jahres? 2022 – Wiedehopf

Aufgabe 1: Nisthilfen, Vogelhäuschen, bauen, anbringen, aufstellen, Futter, füttern, Frost, Schnee, Futterplatz, Nistplatz, Vogelschutzgebiet, Regeln verhalten.

31

Kompetenzen und Lernziele
Die Kinder
- können Maßnahmen zum Vogelschutz beschreiben und begründen.
- denken über eigenen Beitrag zum Vogelschutz nach.

Vorbereitung und Material
- Bildmaterial zum Thema Natur- und Vogelschutz
- Regel zur Vogelfütterung
- Übersicht zu den Vogelschutzgebieten in Deutschland

Einstieg
Die Kinder lesen den Eingangstext und erörtern im Unterrichtsgespräch Möglichkeiten des Schutzes heimischer Vögel. An dieser Stelle sollte auf Begriffe, wie Vogelschutzgebiet, NABU, Nisthilfe eingegangen werden.

Allgemeine Hinweise

Die „Stunde der Gartenvögel" findet im Mai statt, Informationen dazu stehen in der Tagespresse und in Veröffentlichungen des NABU. Vogelschutzgebiete dienen hauptsächlich zum Schutz von Vögeln insbesondere durch Erhaltung ihrer Nahrungs-, Vermehrungs-, Mauser-, Rast- und Überwinterungsstätten. Das Bauen und Anbringen von Nistkästen ist fester Bestandteil der aktiven Naturschutzarbeit vor Ort. Künstliche Nisthilfen sind da sinnvoll, wo Naturhöhlen fehlen, weil alte und morsche Bäume nicht mehr vorhanden sind oder weil an Gebäuden geeignete Brutnischen fehlen. Vogelfütterung hat lange Tradition in Deutschland, an Futterstellen lassen sich die Tiere aus nächster Nähe beobachten, das Füttern vermittelt Naturerlebnis und Artenkenntnis zugleich.

Hinweise zu den Aufgaben

1 Ein Unterrichtsgespräch, in dem noch einmal das Wissen von Seite 29 und 30 aufgegriffen wird, verdeutlicht, dass die Hilfe des Menschen für bedrohte Vögel wichtig ist (gemeinsam Gründe herausarbeiten – im Winter Futtermangel, durch Einfluss des Menschen veränderte Lebensräume machen Nisthilfen und Schutzräume nötig).

2 Die Kinder sollen erworbenes Wissen auf eigene Möglichkeiten anwenden (Vogelfütterung, Bau von Nisthilfen...), Ergebnisse werden schriftlich oder zeichnerisch festgehalten.

3 Mit Hilfe medialer Quellen sollen die Kinder selbstständig Informationen sammeln.

Ideen für die Weiterarbeit
- herausfinden, ob und wo es ein Vogelschutzgebiet in der Nähe gibt und evtl. eine Exkursion machen
- das Verkehrsschild „Vogelschutzgebiet" zeichnen, was darauf abgebildet ist, welche Größe es hat

Literatur- und Link-Tipps
- www.nabu.de
- https://www.nabu.de/tiere-und-pflanzen/ aktionen-und-projekte/stunde-der-wintervoegel
- https://www.nabu.de/tiere-und-pflanzen/ aktionen-und-projekte/vogel-des-jahres

Kompetenzen und Lernziele

Die Kinder
- erfahren etwas über die Lebensweise der Vögel im Winter.
- unterscheiden Stand- und Zugvögel.
- benennen und unterscheiden vier Vertreter der Vögel an der Körperform und Gefiederfärbung.
- lernen die Kohlmeise genau kennen und fertigen einen Steckbrief an.

Vorbereitung und Material

- Bilder von verschiedenen Vögeln oder Tierpräparate
- Vogelfutter, Meisenring
- Vogelbestimmungsbuch
- → KV 22: Vögel am Futterhaus
- → KV 23/24: Vögel am Futterhaus, Bilder, Texte
- → KV 25/26: Zugvögel, Bilder, Texte

Allgemeine Hinweise

Vögel, die bei uns bleiben, heißen Standvögel. Sie benötigen aber nur dann Nahrung, wenn es in der Natur nichts mehr gibt, bei viel Schnee und langem Frost. Vor dem Füttern sollte man sich informieren, welches Futter schädlich sein kann.

Hinweise zu den Aufgaben

1 Die Kinder vergleichen die Vögel auf dem Bild am Futterhaus mit den Fotos unten und ordnen zu, in dem sie die Zahlen eintragen.
Wichtig ist, dass die Kinder die Vögel genau beschreiben und dabei auch die Unterschiede benennen. So lernen sie die Vögel auch in der freien Natur zu bestimmen.

2 Nun lernen die Kinder einen heimischen Vogel, die Kohlmeise, genauer kennen. Zuerst werden die Körperteile richtig zugeordnet.

3 Auf Grundlage der Abbildungen auf Seite 30 malen die Kinder die Kohlmeise in den richtigen Farben aus.

4 Mit dem erworbenen Wissen sind die Kinder nun in der Lage, einen Steckbrief zur Kohlmeise zu erstellen. Zum Erlernen der Methode „Steckbrief" kann die Arbeitsheftseite 69 genutzt werden.

Ideen für die Weiterarbeit

- In Gruppen- oder Partnerarbeit könnten Steckbriefe zu verschiedenen Vögeln erstellt werden. Diese können dann gemeinsam im Klassenraum ausgestellt oder zu einem Büchlein zusammengefasst werden.

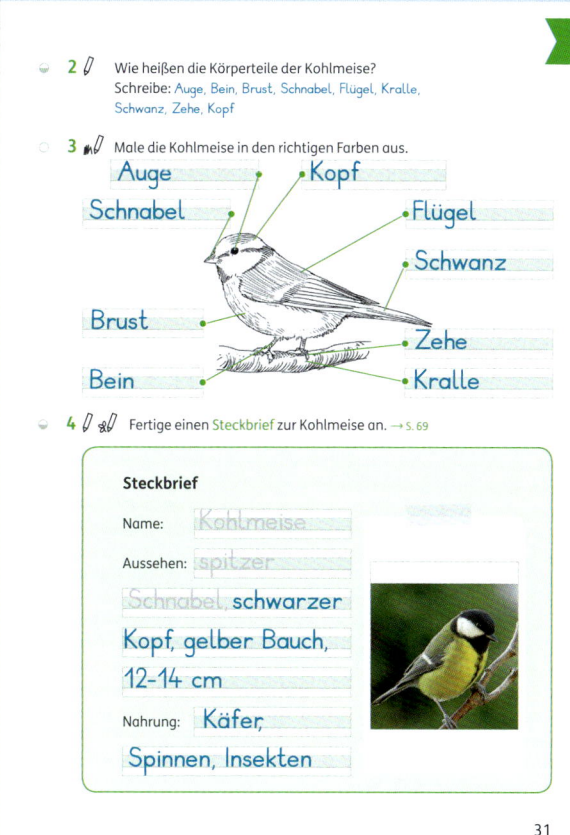

2 Wie heißen die Körperteile der Kohlmeise?
Schreibe: Auge, Bein, Brust, Schnabel, Flügel, Kralle, Schwanz, Zehe, Kopf

3 Male die Kohlmeise in den richtigen Farben aus.

Auge   Kopf
Schnabel   Flügel
        Schwanz
Brust   Zehe
Bein   Kralle

4 Fertige einen Steckbrief zur Kohlmeise an. → S. 69

Steckbrief

Name: Kohlmeise

Aussehen: spitzer Schnabel, schwarzer Kopf, gelber Bauch, 12–14 cm

Nahrung: Käfer, Spinnen, Insekten

31

Einstieg

Sollte auf dem Schulgelände ein Futterhaus sein, kann das Einstiegsgespräch dort geführt werden. Die Lehrkraft kann einen Meisenring, Vogelfutter und evtl. vorhandene Tierpräparate mitbringen. Oder die Kinder betrachten das Bild und berichten von ihren Beobachtungen und eigenen Erfahrungen.

• Nutzen der KV 22 (Vögel am Futterhaus) zum Festigen der Namen und der Gefiederfarben
• KV 25/26 (Zugvögel, Bilder und Texte in drei Niveaustufen)
• KV 24/25 (Vögel am Futterhaus, Bilder und Texte in drei Niveaustufen) und als freies Schnippelmaterial mit unterschiedlichen Verwendungsmöglichkeiten (z. B. zur Herstellung von Büchern, Paarspielen, Dominos ...)
• Federausstellung
• Vogelstimmen aus dem Internet anhören

Literatur- und Link-Tipps
• Burnie, David/Bailey, Jill: Naturführer für Kinder: Vögel, Dorling Kindersley, München 2009

Seite 32

Kompetenzen und Lernziele

Die Kinder
- nutzen und systematisieren die Kenntnisse über die Tiere im Winter.
- wenden ihr Wissen spielerisch, forschend und praktisch an.
- arbeiten in verschiedenen Sozialformen selbstständig an den Angeboten der Seite, je nach Interesse und Neigung.

Vorbereitung und Material

- → KV 27: Domino – Spuren im Schnee
- → KV 28: Vogel-Paarspiel
- Leim, Scheren, Buntstifte
- Erdnusskette: Erdnüsse, Draht, Pinnnadeln
- Futterzapfen: Zapfen, Schüssel, Löffel, 2 EL Haferflocken, 2 EL Sesam, 1 EL Sonnenblumenkerne, 50 g Fett

Hinweise zu den Aufgaben

1 Domino – Spuren im Schnee:
- Kinder können noch einmal das Wimmelbild auf S. 27 betrachten und entdecken, dass jeder Spuren im Schnee hinterlässt, dabei kann Vorwissen einfließen, es sollte aber auch der „Forscherdrang" geweckt werden, um herauszufinden, welche Spur zu welchem Tier passt.
- KV 27 (Domino – Spuren im Schnee) findet Verwendung, kann auch ergänzt werden.

2 Vogelspiel:
- Es dient der Zuordnung von Bild und Text (Namen), Kinder sollen sich die Vogelnamen und das Aussehen der Vögel einprägen und ihr Wissen anwenden und festigen.
- KV 28 (Vogel-Paarspiel) nutzen

3 Futterzapfen:
- Die im Unterrichtsgang gesammelten Zapfen werden mit dem Fett-Körnergemisch bestrichen. Ziel ist es, zu verdeutlichen, dass Vögel kein Wasser bekommen dürfen und nur Nahrung, die sie bei besserer Witterung auch allein finden würden.

4 Erdnusskette:
- Hier sollte darauf geachtet werden, dass die Nüsse mit der Hand angedrückt werden, damit sie besser aufgefädelt werden können.

Forscherfragen:

- Wie überwintern eigentlich Insekten?
  Insekten sind wechselwarme Tiere. Das heißt: Sie halten ihre Körpertemperatur nicht konstant, sondern ändern sie mit der Umgebungstemperatur. Wenn es im Herbst kalt wird, suchen sich die meisten Insekten ein geschütztes Plätzchen, z. B. in Baumlöchern oder Mauerritzen. Sie fallen mit Einbruch der Kälte in Winterstarre und kühlen aus. Um nicht zu erfrieren, produzieren einige Insekten ein körpereigenes Frostschutzmittel. Dieser Trick verhindert, dass die Körperflüssigkeit zu Eis wird. (Quelle: www.kika.de)
- Was ist der Unterschied zwischen Winterschlaf, Winterruhe und Winterstarre?
  Winterschlaf halten z. B. Igel, Hamster, Haselmaus. Tiere, die in den Winterschlaf gehen, senken ihre Körpertemperatur und ihren Stoffwechsel sehr stark ab. Atmung, Herzschlag und Blutumlauf werden verlangsamt.
  Winterruhe halten z. B. Dachs und Eichhörnchen. Tiere, die Winterruhe halten, senken ihre Körpertemperatur nur wenig ab, wachen häufig auf und nehmen Nahrung zu sich.
  In **Winterstarre** verfallen nur wechselwarme Tiere, z. B. Amphibien, Reptilien, Insekten. Wenn es zu kalt ist, verfallen sie in eine Starre, die Kältestarre genannt wird.

Wasser überall

1 ✎ Kein Wasser! Wofür braucht diese Familie Wasser? Beschreibe. → S. 65

2 💬 Wofür wird in der Schule Wasser gebraucht?

Aufgabe 2: Tisch wischen, Hände waschen, Blumen gießen, Toilette spülen, Fußboden wischen, Tische abwaschen, Pinsel auswaschen, Trinken

33

Kompetenzen und Lernziele

Die Kinder
• erkennen, wofür man Wasser benötigt.

Vorbereitung und Material

• ggf. Pressemitteilung z. B. aus dem Internet über einen Wasserausfall

Einstieg

Die Lehrkraft und die Kinder erstellen an der Tafel eine Mindmap dazu, wofür man Wasser benötigt. Nach der Erarbeitung der Sachheftseite kann die Mindmap ergänzt werden.

Alternativ kann die Lehrkraft eine Pressemeldung über einen tatsächlichen Wasserausfall vorlesen. Mögliche Lehrerimpulse können sein: Was ist passiert? Welche Auswirkungen hat der Wasserausfall? Was könntest du nicht tun, wenn es einen Wasserausfall gäbe?

Oder der Einstieg erfolgt über die Illustration im Sachheft. Mögliche Lehrerimpulse können sein: Was ist passiert? Welche Auswirkungen hat das für die Familie? (Aufgabe 1)

Hinweise zu den Aufgaben

1 Zunächst betrachten die Kinder die Illustration. Danach wird darüber gesprochen, wofür die Familie das Wasser benötigt (zum Duschen, zum Zähneputzen, zum Wäschewaschen, zum Händewaschen, für die Toilettenspülung, zum Blumengießen, zum Fahrradputzen).

2 In Anlehnung an Aufgabe 1 überlegen die Kinder, wo in der Schule überall Wasser gebraucht wird. Dies kann an der Tafel festgehalten werden.

Ideen für die Weiterarbeit

• Gespräch: Kann man auch zu viel Wasser haben (z. B. Hochwasser, Überschwemmungen)?
• Rollenspiel: Was passiert zu Hause, wenn das Wasser plötzlich weg ist?

Kompetenzen und Lernziele

Die Kinder
- lernen die Bedeutung des Wassers für Menschen, Tiere und Pflanzen kennen.
- kennen die Aggregatzustände (fest und flüssig) des Wassers und lernen, sie zu bestimmen.
- erkennen die feste Form (Schnee, Eis) und die flüssige (Regen, Fluss …).

Vorbereitung und Material

- Wasser im Glas
- Eiswürfel
- Globus

Einstieg

Die Kinder erzählen zur Frage „Warum ist Wasser kostbar?" Dazu kann die Lehrkraft die Behauptung aufstellen „Wasser ist kostbarer als Gold. Stimmt das?"

Allgemeine Hinweise

Wasser kommt auf der Erde in fester, flüssiger oder gasförmiger Form vor. Die Zustandsformen des Wassers werden in Klasse 1 auf fest und flüssig reduziert. Die Übergänge zwischen den Aggregatzuständen heißen schmelzen (fest – flüssig), verdunsten (flüssig – gasförmig) und gefrieren (flüssig – fest).

Hinweise zu den Aufgaben

1 Kinder erkennen die Bedeutung des Wassers, ein eigenes Beispiel wird ergänzt.

2 Die Kinder erkennen die Zustandsformen des Wassers auf den Fotos und tragen die Wörter „fest" oder „flüssig" ein.

„Gewusst?" ist eine weiterführende Information über die Nutzbarkeit der Wasserressourcen der Erde als Trinkwasser.

Ideen für die Weiterarbeit

- Wasser in unterschiedlichen Zustandsformen mitbringen (Wasser im Glas – flüssig; Eiswürfel – fest)
- Globus mitbringen: zeigt, dass es auf der Erde genug Wasser gibt, das meiste ist jedoch nicht trinkbar (auf eventuelle Meererfahrungen der Kinder mit Salzwasser zurückgreifen), Verbindung zu „Gewusst?"
- Wasser in fester Form: Winter an der See, zugefrorene Flüsse oder Teiche – Rückgriff auf Erfahrungen der Kinder

Literatur- und Link-Tipps

- https://www.klassewasser.de/content/language1/html/8070.php (Spiele, Wissen)

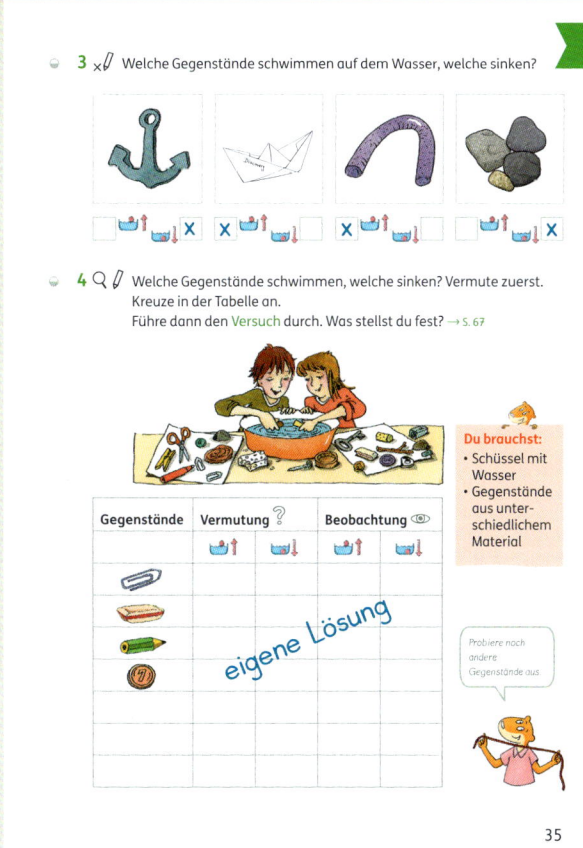

Kompetenzen und Lernziele

Die Kinder

- untersuchen die Eigenschaften des Wassers in Bezug auf Schwimmen und Sinken von verschiedenen Materialien.

Vorbereitung und Material

- Schüsseln mit Wasser
- Papierschiff, Holz, Stein
- Gegenstände aus unterschiedlichen Materialien (Büroklammer, Radiergummi, Bleistift, Geldstück)
- → KV 34: Klappschiff

Einstieg

Die Lehrkraft demonstriert den Versuch. In eine Schüssel mit Wasser legt sie Holzstücke, Steine und ein Papierschiff. Zuvor lässt sie die Kinder vermuten, was passiert.

Allgemeine Hinweise

Wenn ein Körper schwimmt, bedeutet das, er verbleibt auf der Wasseroberfläche. Ein Körper taucht so tief in das Wasser ein, bis die Masse des von ihm verdrängten Wassers seiner eigenen Masse entspricht. Verdrängt er weniger, geht der Gegenstand unter.

Hinweise zu den Aufgaben

3 Das Vorwissen der Kinder zu Schwimmen und Sinken wird angewendet. Sie vermuten, klären die Begriffe Schimmen und Sinken und kreuzen nach Diskussion an.

4 Das Experiment wird besprochen und an einem Beispiel exemplarisch durchgeführt. Die Vermutung wird mit Ergebnis des Experimentes verglichen.

Das Experiment kann in Partnerarbeit durchgeführt werden, anschließend erfolgt die Auswertung in der Klasse.

Ideen für die Weiterarbeit

- Lehrerdemonstration: vorsichtiges Auflegen der Cent-Münze: Münze schwimmt, Vergleich mit Lösung der Kinder
- KV 34: Klappschiff herstellen, vermuten und ausprobieren

Literatur- und Link-Tipps

- https://kinder.wdr.de/tv/die-sendung-mit-der-maus/av/video-sachgeschichte-warum-schwimmt-ein-schiff-100.html
  Diese Sachgeschichte aus der Sendung mit der Maus erklärt sehr anschaulich, warum ein schweres Schiff schwimmt.

Kompetenzen und Lernziele

Die Kinder
• wenden ihr Wissen spielerisch, praktisch und forschend an.
• arbeiten selbstständig in verschiedenen Sozialformen, je nach Interesse und Neigung.
• festigen und erweitern ihr erworbenes Wissen.

Vorbereitung und Material

• Eiswürfel (Wasser vorher mit Lebensmittelfarbe färben)
• Glas, warmes und kaltes Wasser
• Flasche, Apfelsinenschale, Gummikappe
• → KV 33: Eine Seerose zum Verschenken
• Knete, Schüssel mit Wasser

Hinweise zu den Aufgaben

1 Eiswürfel:
• Mit Lebensmittelfarbe gefärbte Eiswürfel sollen in warmem und kaltem Wasser schmelzen (durch die gefärbten Würfel erkennt man leichter, wann sie komplett geschmolzen sind), starke Temperaturunterschiede drängen auf schnellen Ausgleich.

2 Flaschenteufel:
• Durch das Drücken auf die Gummikappe wird die in der Flasche vorhandene Luftblase zusammengedrückt und somit der Druck auf das Wasser verstärkt.
Dadurch verringert sich der Auftrieb im Wasser der Flasche und die Apfelsinenschale sinkt. Lässt man den Gummi wieder los, werden wieder normale Druckverhältnisse hergestellt, die Apfelsinenschale erhält entsprechenden Auftrieb, sie steigt nach oben.

3 Seerose:
• Baut man sie nach Anleitung, öffnet sie sich, wenn sie auf Wasser gelegt wird. Sie kann mit Gedichten oder Glückwünschen gestaltet werden, die nach Öffnen sichtbar werden (siehe KV 33).

4 Bootsbauerspiel:
• Boote werden aus gleich großen Knetestücken geformt, je größer die Wasserverdrängung der Knetboote, desto mehr können sie tragen.

Forscherfragen:

• Was passiert in Gegenden, in denen es wenig Wasser gibt?
In regenarmen Gebieten kann es zu starker Wasserknappheit kommen. Pflanzen können in diesen Gegenden nur schwer wachsen. Die in Trockengebieten lebenden Menschen müssen sehr sorgsam mit dem Wasser umgehen, da es oft von sehr weit her geholt werden muss.
• Wie schwimmt ein Boot auf dem Wasser?
Archimedes fand heraus, dass der Auftrieb eines Körpers genauso groß ist, wie das Gewicht der verdrängten Wassermenge. Würden wir also das verdrängte Wasser auf eine Waage legen, müsste es mehr wiegen, als das Boot, damit das Boot schwimmt und nicht untergeht. Wenn man eine Kugel Knete ins Wasser legt, verdrängt sie wenig Wasser und geht unter. Wenn die gleiche Knetkugel zu einem flachen Boot geformt wird, verdrängt sie viel mehr Wasser und schwimmt.
Quelle: vgl. https://www.phyx.at/warum-schwimmt-ein-schiff/

Kompetenzen und Lernziele

Die Kinder
- gewinnen Einblick in das Phänomen Licht.
- knüpfen an Vorerfahrungen an.
- lernen die Unterscheidung in künstliche und natürliche Lichtquellen kennen.

Vorbereitung und Material

- verschiedene Lichtquellen zur Anschauung wie Kerze, Taschenlampe, Schreibtischlampe, Overheadprojektor
- evtl. Bilder von verschiedenen Lichtquellen (Feuer, Stirnlampe, Taschenlampe, Sonne, Campinglampe, Laterne)

Einstieg

Die Lehrkraft kann den Unterricht im verdunkelten Klassenzimmer beginnen. Verschiedene Lichtquellen (Elektrokerze, Taschenlampe, Overheadprojektor) sind aufgebaut und die Kinder vermuten, welches Thema bearbeitet werden soll.

Allgemeine Hinweise

Licht ist der für Menschen sichtbare Bereich elektromagnetischer Strahlung. Man unterscheidet zwischen natürlichen und künstlichen Lichtquellen. Eine Lichtquelle ist ein Punkt, von dem Licht ausgesandt wird. Natürliche Lichtquellen: Sonne, Blitz, Glühwürmchen, Feuer; künstliche Lichtquellen: Lampe, brennende Kerze, Laser, Leuchtdioden, Bildröhren.

Hinweise zu den Aufgaben

1 Die Kinder sollen Lichtquellen auf dem Bild erkennen und einkreisen. Im Gespräch begründen sie ihre Entscheidung. Die Gegenstände können an die Tafel geschrieben oder gezeichnet werden oder als Abbildungen angeheftet werden. Dabei kann man sie nach natürlichen und künstlichen Lichtquellen ordnen.

2 In Gedanken gehen die Kinder durchs Schulhaus und zählen auf, wo im Schulhaus überall Licht vorhanden ist und gebraucht wird. Die Ergebnisse halten die Kinder im Arbeitsheft fest. Anschließend werden die Ergebnisse aller Kinder aufgelistet. Bei einem Unterrichtsgang durchs Schulhaus wird dann geprüft, ob alle Lichtquellen erfasst wurden.

Ideen für die Weiterarbeit

- einen Sonnenstrahl im Klassenzimmer beobachten
- mit einem Prisma Licht zerlegen

Literatur- und Link-Tipps
- www.zzzebra.de (in der Suchleiste „Schattenspiele" eingeben)

Kompetenzen und Lernziele

Die Kinder

- kennen verschiedene natürliche und künstliche Lichtquellen.
- kennen die Sonne als wichtigste natürliche Licht- und Wärmequelle.
- erfassen die Bedeutung der Sonne für das Leben.

Vorbereitung und Material

- Blumentöpfe mit Erde
- Samen, z. B. Radieschen, Kresse oder Ähnliches
- Karton zum Abdecken
- Gießkanne

Einstieg

Das Tafelbild der Einstiegsstunde kann wieder angezeichnet oder angeheftet werden. Die Lehrkraft fragt die Kinder: „Welches Licht kommt von der Natur, welches wird vom Menschen erzeugt?" Gemeinsam werden die Lichtquellen im Tafelbild danach sortiert.

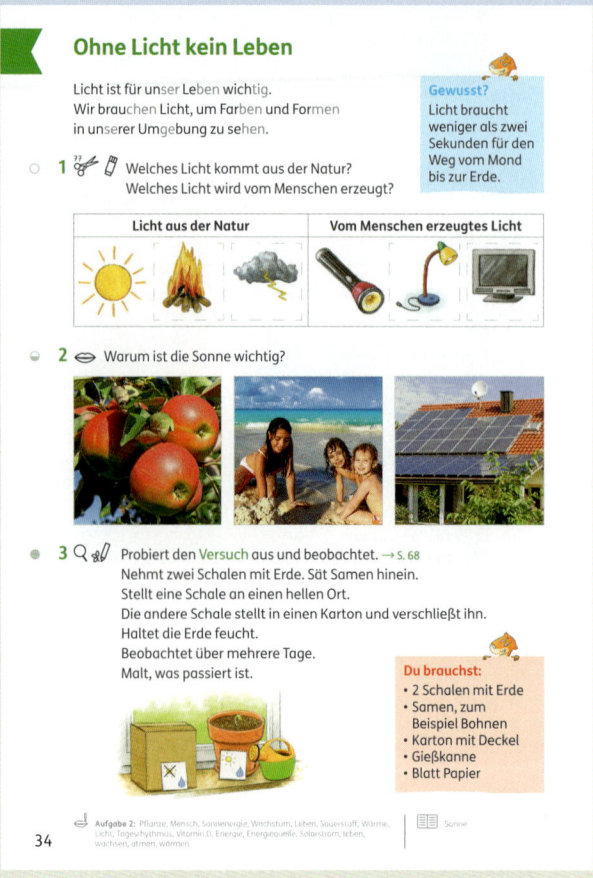

Allgemeine Hinweise

Die Sonne ist die wichtigste natürliche Licht- und Energiequelle der Erde. Durch sie ist Leben auf der Erde erst möglich (Pflanzen – Fotosynthese, Mensch – Vitamin-D-Bildung, Wärme, Tagesrhythmus).
Der Anteil der Photovoltaik an der Bruttostromerzeugung in Deutschland im Jahr 2018 beträgt 7,1 Prozent. Im Jahr 2013 waren es 4,9 Prozent und im Jahr 2009 gerade mal 1,1 Prozent.
(Quelle: www.statista.com)

Hinweise zu den Aufgaben

Lesen der Überschrift und des Sachtextes selbstständig oder mit Hilfe

1 Die Kinder festigen das erarbeitete Wissen über Lichtquellen und kleben die Bilder von Seite 77 richtig ein.

2 Die Kinder können im Partnergespräch zuerst ein Bild besprechen, im Unterrichtsgespräch wird anschließend jedes Bild besprochen. Die Bilder stehen exemplarisch, um auf Pflanzenwachstum, Bedeutung für Menschen als Energielieferant und auf die Gefahren der Sonne hinzuweisen.

3 Der Versuch kann in Gruppen oder einmal mit der gesamten Klasse durchgeführt werden (Keimzeiten: Kresse 3–7 Tage, Radieschen ca. 7 Tage). Durch Abdecken einer Schale nach der Keimung werden Pflanzen gelb.

Ideen für die Weiterarbeit

- Schalenexperiment kann ausgeweitet werden, indem eine Seite der Abdeckung geöffnet ist (Pflanzen wachsen zum Licht)

Literatur- und Link-Tipps

- www.wdrmaus.de/sachgeschichten/
  (Unter dem Stichwort „Glühwürmchen" wird sehr anschaulich gezeigt, wieso das Glühwürmchen leuchtet.)

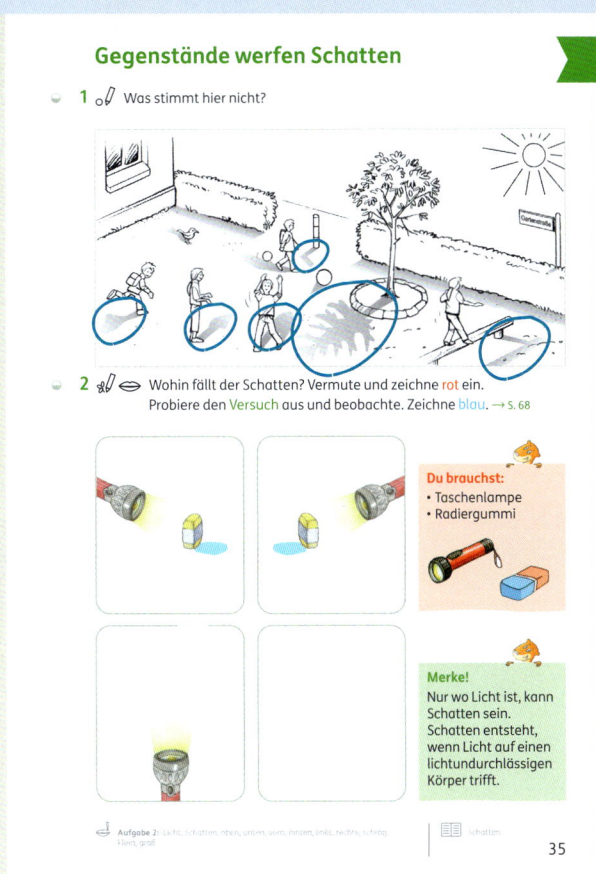

Kompetenzen und Lernziele

Die Kinder
- erkennen Beziehungen zwischen Lichtquelle, Gegenstand und Schatten.

Vorbereitung und Material

- Taschenlampen
- verschiedene Materialien wie Pappe, Stein, Glas, Folie, Spiegel, verschiedene Stoffe
- → KV 29: Versuche zu Licht und Schatten
- → KV 30: Spiele mit Schatten

Einstieg

An einem sonnigen Tag könnte Schattenhasche im Schulhof gespielt werden. Der Fänger tritt auf den Schatten der Kinder und fängt sie damit. Die anderen Kinder müssen so weglaufen, dass der Fänger nicht auf ihren Schatten treten kann.
Bei bedecktem Himmel, könnte Aufgabe 1 selbst als Einstieg verwendet werden.

Allgemeine Hinweise

Manche Gegenstände sind lichtdurchlässig, manche lichtundurchlässig, manche reflektieren das Licht. Unterscheidungen zwischen diffuser und gerichteter Reflexion auf rauer bzw. glatter Oberfläche sind im vorfachlichen Unterricht nicht nötig. Schatten ist unbeleuchteter Raum hinter einem undurchsichtigen beleuchteten Körper. Schatten verändert sich, wenn entweder die Lichtquelle, der Gegenstand oder die Projektionsfläche verschoben wird.

Hinweise zu den Aufgaben

1 Hier geht es zunächst erst einmal um die Frage: „Woher kommt die Sonne?" und damit „In welche Richtung fällt der Schatten?" Danach werden die Schatten genau betrachtet und Fehler in den Formen herausgesucht. Hier sollte man die Kinder begründen lassen, warum sie eingekreist haben.

2 Nun wird das Wissen aus Aufgabe 1 angewendet. Die Kinder zeichnen zuerst ein, was sie vermuten. danach führen sie die Versuche durch und vergleichen das beobachtete Ergebnis mit ihrer Vermutung. Hierbei sollen auch verschiedene Positionen der Taschenlampe ausprobiert werden, z. B. von rechts, von oben oder auch mehrere Taschenlampen verwendet werden. Mit der KV 30 kann das Wissen gefestigt werden.

Ideen für die Weiterarbeit

- Mit der KV 29 können Versuche zur Lichtdurchlässigkeit von verschiedenen Materialien durchgeführt werden. Dabei erkennen die Kinder auch, dass Stoffe leicht lichtdurchlässig sind oder auch Licht reflektiert wird.

Kompetenzen und Lernziele

Die Kinder

- wenden ihr Wissen spielerisch, praktisch und forschend an.
- arbeiten selbstständig in verschiedenen Sozialformen an den Angeboten der Seite, je nach Interesse und Neigung.
- festigen und erweitern ihr erworbenes Wissen.

Vorbereitung und Material

- → KV 30: Spiele mit Schatten
- → KV 31: Schatten-Paarspiel
- → KV 32: Schattenfiguren Bremer Stadtmusikanten
- Lampe z. B. Taschenlampe
- Materialien für Schattentheater (Holzstäbchen, Leim, Papier)
- Kärtchen
- große Papierbögen
- Overheadprojektor

Hinweise zu den Aufgaben

1 Schatten-Paarspiel:
- Die KV 31 findet Verwendung. Die Kinder müssen typische Formenmerkmale wiederfinden.

2 Schatten-Tiere:
- Mit ihren Händen erzeugen die Kinder Schatten, die die Gestalt von Tieren haben. Anregungen dazu finden sich auch auf KV 30.

3 Schattentheater:
- Die KV 32 kann genutzt, aber auch eigene Schattenfiguren können entworfen werden. Damit wird ein Theaterstück aufgeführt.

4 Schattenumrisse:
- Die typischen Formenmerkmale treten durch die Schattenumrisse hervor und werden nachgemalt.
- Die Übung kann auch als Spiel durchgeführt werden, einige Kinder gehen während des Malens vor die Tür und raten anschließend, welches Kind gemalt wurde.

Forscherfragen:
- Gibt es auch farbige Schatten?
  Ein roter Ball wirft keinen roten Schatten, das wissen Kinder. Farbige Schatten kann man mit Hilfe farbigen Lichts erzeugen. Wird ein Gegenstand mit einer roten Lampe bestrahlt, so ist sein Schatten schwarz. Das überrascht nicht, weil der Schatten ja der Bereich ist, an den kein Licht gelangt (egal in welcher Farbe). Wird dieser Schatten jedoch mit grünem Licht beleuchtet, so erscheint er grün.
- Wann ist mein Schatten genauso lang wie ich? Mein Schatten ist genauso lang wie ich, wenn die Sonne auf halber Höhe am Himmel steht (45 Grad). Das lässt sich auch leicht zeichnen. Man malt einen Menschen, der aufrecht steht, und seinen gleich langen Schatten auf dem Boden. Jetzt muss die Linie zwischen Kopf und Schattenkopf verlängert werden, so weiß man, wo die Sonne stehen muss. Das hängt von der Jahres- und Tageszeit und dem Wohnort zwischen Pol und Äquator ab. Und auch davon, ob der Schatten auf einen Berghang oder eine Ebene fällt. Man kann das auch mit einer Taschenlampe im verdunkelten Zimmer mit einer Leiter nachspielen.

Ideen für die Weiterarbeit

- Scherenschnitte anfertigen

Kompetenzen und Lernziele

Die Kinder
- nutzen ihre Vorerfahrungen über die jahreszeitlichen Veränderungen in der Natur.
- gewinnen Einblick in typische Erscheinungen der Natur im Frühling.

Vorbereitung und Material

- Frühblüher in Töpfen
- Bilder von Frühblühern

Einstieg

Die Lehrkraft kann im Klassenraum Töpfe mit verschiedenen Frühblühern aufstellen oder Bilder von Frühblühern aufhängen. Die Kinder werden gefragt: „Welche Blume kennst Du?" und „Welche hast du in diesem Jahr schon entdeckt und wo?"
Alternativ könnte ein Unterrichtsgang gemacht werden, auf dem die Kinder verschiedene Frühblüher entdecken und benennen.

Allgemeine Hinweise

Frühblüher sind Pflanzen, die frühzeitig im Jahr trotz Kälte (Eis, gefrorener Boden und Schnee) blühen und Laub bilden.
Sie sind gegen die Kälte besonders geschützt. Sie profitieren im Frühjahr von der Lichteinstrahlung und Wärme direkt über dem Boden.

Hinweise zu den Aufgaben

1 Die Kinder entdecken die Frühblüher auf dem Wimmelbild wieder. Zusätzlich entdecken sie die Tiere. Beim Erkennen der Vögel können sie auf ihr Vorwissen aus dem Kapitel „Tiere im Winter" zurückgreifen.

2 Nach dem Unterrichtsgespräch über Veränderungen im Frühjahr können die Kinder diese nun malen oder aufschreiben.

Ideen für die Weiterarbeit

- Hinweis der Lehrkraft auf Naturschutz, Pflanzen dürfen nicht gepflückt oder abgebrochen werden, Weidenkätzchen sind die erste Nahrung der Bienen.

Literatur- und Link-Tipps
- Vivaldi „Frühling" aus den „Vier Jahreszeiten"
- DVD „Mikrokosmos" von Claude Nuridsany und Marie Perennou
- Burnett, Frances Hodgson: Der geheime Garten, cbj Verlag, München 2009

Seite 38, 39

Kompetenzen und Lernziele
Die Kinder
- benennen, betrachten, beschreiben und malen Frühblüher in ihrem Lebensraum.
- können die verschiedenen Gründe für die frühe Entwicklung der Frühblüher nennen.
- verstehen den Begriff „Frühblüher".
- gewinnen Einblick in die Entwicklung eines Frühblühers (Tulpe) im Jahreslauf.
- lernen die Teile eines Frühblühers kennen (Krokus).

Vorbereitung und Material
- Topf mit Frühblüher, z. B. Tulpe
- Vergrößerung der Tulpe im Jahresverlauf für die Tafel oder als Projektionsdatei
- Bild von Krokus und Schneeglöckchen oder die Pflanzen mit Zwiebeln
- Kalender
- → KV 35/36: Das Jahr der Tulpe, Rahmen, Kärtchen

Allgemeine Hinweise

Die Frühblüher speichern die Nährstoffe in Zwiebeln, Wurzelstock oder Wurzelknollen. Deshalb sind sie im Frühjahr nicht auf die Nahrung aus dem Boden angewiesen.
Die unterirdischen Teile der Pflanzen überwintern als Zwiebel, Wurzelknolle oder Erdsprossen, die man auch als Vorratsspeicher bezeichnet. Die Zwiebel hat Stängel mit Blättern und Blüten. Nach dem Verwelken der Blüte bilden sich Tochter- oder Ersatzzwiebeln. Die Wurzelknolle hat keine Blattanlagen. Sie entsteht durch eine Umwandlung der Nebenwurzeln in verdickte Knollenfrüchte. Der Wurzelstock oder Erdspross wächst weiter und die älteren Teile fallen ab. Deshalb stehen Buschwindröschen nie an derselben Stelle. (Biologie der Frühblüher)

Hinweise zu den Aufgaben

1 Kinder betrachten die Blumenfotos und vergleichen mit den Zeichnungen, ordnen den Zeichnungen die richtige Ziffer zu und malen die Blumen aus, auf originalgetreues Ausmalen achten (Krokusse und Hyazinthen gibt es auch in anderen Farben), auf Vorerfahrungen der Kinder eingehen.

2 Zur Unterstützung Abbildung vergrößert kopieren für die Tafel, Kinder schneiden die Bilder aus, legen sie auf und kleben sie ein (Lösung siehe Abbildung Seite 49), deutlich hervorheben, dass alles in der Natur sich in einem immer wiederkehrenden Rhythmus befindet; auf Wissen vom Thema „Tiere im Winter" und „Bäume in den Jahreszeiten" zurückgreifen und evtl. Vergleiche ziehen.

3 Es erfolgt die Demonstration eines vorgetriebenen oder ausgegrabenen Krokus durch Lehrkraft, oder der Krokus wird auf einem Bild betrachtet. Dabei werden die einzelnen Teile besprochen und Begriffe geklärt: Blüte, Blatt, Stängel, Zwiebel, Wurzel.

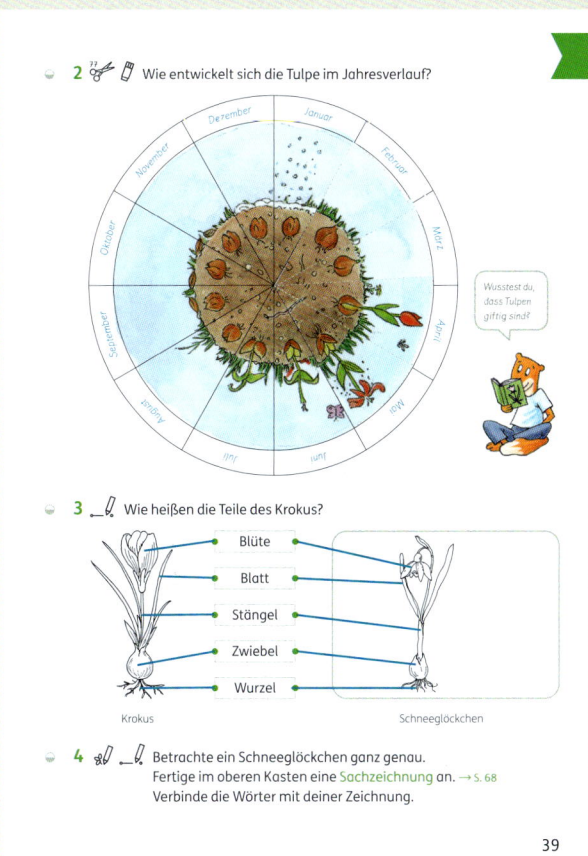

2 ✂️ 📱 Wie entwickelt sich die Tulpe im Jahresverlauf?

Wusstest du, dass Tulpen giftig sind?

3 📝 Wie heißen die Teile des Krokus?

Blüte
Blatt
Stängel
Zwiebel
Wurzel

Krokus   Schneeglöckchen

4 ✂️📝 Betrachte ein Schneeglöckchen ganz genau.
Fertige im oberen Kasten eine Sachzeichnung an. → S. 68
Verbinde die Wörter mit deiner Zeichnung.

39

Einstieg

Die Lehrkraft kann gemeinsam mit den Kindern einen Frühblüher, z. B. eine Tulpe, aus einem Topf ausgraben. Dabei werden die Teile Blüte, Blatt, Stängel, Zwiebel und Wurzel erkannt und benannt.

4 Die Kinder sollen eine Sachzeichnung des Schneeglöckchens anfertigen und dabei auf genaues detailgetreues Zeichnen achten. Anschließend werden die Teile der Pflanze mit den Wortkarten verbunden. Hier kann Seite 68 des Arbeitsheftes genutzt werden.

Ideen für die Weiterarbeit

- Kinder, die die Pflanzen kennen, können sie auch ohne Bücher oder Bilder anmalen.
- gemeinsames Singen oder Anhören des Liedes „Die Jahresuhr" von Rolf Zuckowski
- KV 35/36: Das Jahr der Tulpe zur Festigung bearbeiten

Literatur- und Link-Tipps

- www.ws-montessori.at (Übersicht-Kosmisch-Biologisch-Frühlingsblumen)
- www.naturdetektive.de
- www.ws-montessori.at (Übersicht-Kosmisch-Biologisch-Schneeglöckchen)
- www.kidsnet.at/Sachunterricht/blu/schneegl.htm
- www.lehrerweb.at/materials/gs/deutsch/lesen/buch/schneegloeckchenbuch.pdf

Seite 40

Kompetenzen und Lernziele
Die Kinder
- kennen die Namen heimischer Vögel.
- lernen unterschiedlichen Lebensraum und Nestbauweise von Vögeln kennen.
- erkennen und unterscheiden unterschiedliche Vogelnester.

Vorbereitung und Material
- Bilder von Vögeln und ihren Nestern

Einstieg
Wenn die Lehrkraft ein echtes Vogelnest hat, könnte sie es den Kindern zeigen und fragen: „Was ist das?" Darüber entsteht ein Unterrichtsgespräch, in das die Kinder ihr Vorwissen bezüglich verschiedener Nester von Vögeln einbringen können. (Wo bauen sie ihre Nester?; Wie sehen die Nester aus?; Welches Baumaterial verwenden sie?)
Alternativ kann auch mit Bildern von verschiedenen Nestern gearbeitet werden.

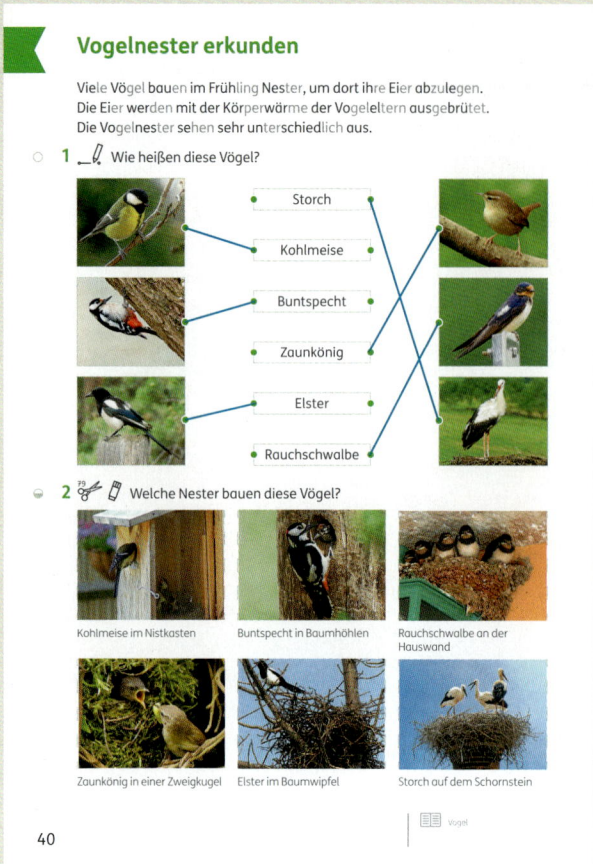

Allgemeine Hinweise

Nistkästen sollte man ungefähr in 2–3 m Höhe geschützt vor Katzen und Mardern anbringen. Baumhöhlen sind vom Specht mit seinem Schnabel selbst gezimmerte Höhlen im Baum.
Schwalben verwenden Lehm, Speichel, Halme und Federn und kleben diese Bausubstanz Kügelchen für Kügelchen an die Hauswand.
Zweigkugeln sind oben geschlossene kugelförmige Nester aus Zweigen, Blättern, Halmen und Moos.
Das Elsternest im Baumwipfel ist ein eindrucksvolles großes Nest in den höchsten Laubbäumen, wirkt unordentlich, aus groben Zweigen.

Hinweise zu den Aufgaben

1 Die Kinder schauen sich die Fotos der heimischen Vögel genau an und ordnen ihre Namen zu. Hierbei können auch Bestimmungsbücher helfen.

2 Auf der Ausschneideseite 79 werden die Fotos der verschiedenen Vogelnester ausgeschnitten und zu den Bildunterschriften auf Seite 40 geordnet. Die Lehrkraft könnte eine Lösungsvorlage anfertigen und die Kinder selbst kontrollieren lassen. Erst nach dieser Kontrolle sollten die Bilder aufgeklebt werden. (Lösung siehe Abbildung oben)
Anschließend sollten im Unterrichtsgespräch die Unterschiede der Nester herausgearbeitet werden.

Ideen für die Weiterarbeit

- Im Gespräch bewusst machen, dass der Mensch den Lebensraum der Vögel immer mehr einschränkt – Bedeutung des Umweltschutzes für die Artenvielfalt.

Literatur- und Link-Tipps
- www.nabu.de (Thema – Vogelschutz)
- http://www.storchenelke.de/storchen_webcams. htm (Hier kann eine Storchennest-Webcam, evtl. sogar in Schulnähe, ausgewählt werden.)
- vorort.bund.net/suedlicher-oberrhein/nistkaesten-bauen-vogelschutz-fuer-kinder.html (Geschichte zum Thema Nistkästen)

Kompetenzen und Lernziele

Die Kinder

- lernen die Lebensweise der Amsel im Jahreslauf kennen, lassen Wissen aus Thema „Tiere im Winter" einfließen.
- lernen die äußeren Merkmale von Amselmännchen und -weibchen kennen.
- erwerben Kenntnisse zu Nestbau und Brutpflege.

Vorbereitung und Material

- altes leeres Nest (wenn vorhanden)
- kostenloses Vogelstimmenarchiv (Tipp 2)
- → KV 37: Tagebuch eines Meisenpaares, Faltbuch

Einstieg

Die Kinder hören Amselzwitschern (Hörfile 35 unter www.klett.de Code: vr73di). Die Lehrkraft fragt: „Welcher Vogel singt hier?"

Allgemeine Hinweise

Die Amsel wird auch Schwarzdrossel genannt, denn die Männchen sind schwarz mit gelbem Schnabel, die Weibchen dunkelbraun. Die Männchen sind die guten Sänger. Amseln sind Frühbrüter im Februar/März, haben 3–4 grünlich gesprenkelte Eier, die Brutdauer beträgt 10 bis 19 Tage. Beide füttern die Jungen, sie sind Allesfresser.
Die Jungen verlassen nach 13–15 Tagen das Nest.

Hinweise zu den Aufgaben

1 Die Kinder beschreiben die Unterschiede zwischen Männchen und Weibchen in Aussehen und Größe (in Sachsen Verbindung zum Wahlthema Farben der Natur, S. 63)

2 Die Kinder lernen exemplarisch an der Amsel die Lebensweise von Vögeln im Frühjahr kennen (Nestbau, Brutpflege). Dabei sollten die Begriffe Paarung, Nestbau, Ausbrüten, Fütterung und Flugversuche geklärt werden. Danach schneiden die Kinder die Bilder von Seite 79 aus, legen sie zuerst auf, kontrollieren und kleben dann erst auf. (Lösung siehe Abbildung oben)

Ideen für die Weiterarbeit

- KV 37: Tagebuch eines Meisenpaares nimmt einen anderen Vogel in den Fokus.

Literatur- und Link-Tipps

- https://www.deutsche-vogelstimmen.de/
- https://www.helles-koepfchen.de/kinderseiten/ Amsel

Seite 42

Kompetenzen und Lernziele
Die Kinder
- kennen die Körperteile des Schmetterlings.
- können die Entwicklung vom Ei zum Schmetterling beschreiben.

Vorbereitung und Material
- → KV 38: Vom Ei zum Schmetterling

Einstieg
Ein kurzer Film von Schmetterlingen könnte angeschaut werden.

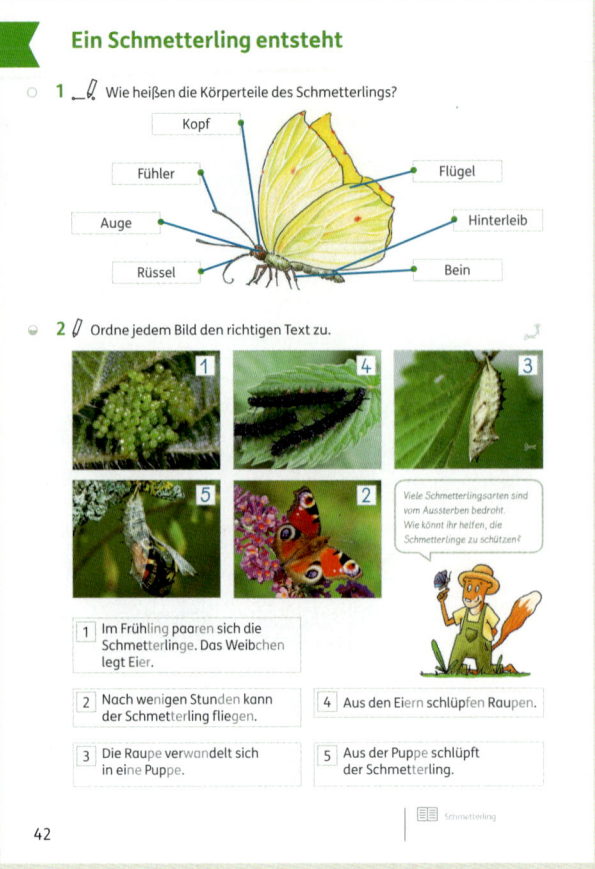

Hinweise zu den Aufgaben

1 Zuerst sollten an einem Bild oder einem Modell eines Schmetterlings die Körperteile gezeigt und benannt werden. Dabei werden Begriffe wie Rüssel, Hinterleib und Fühler geklärt. Danach können die Kinder die Zuordnung der Wortkarten zum Bild vornehmen.

2 Wie sich ein Schmetterling entwickelt, soll anhand der Bilder und der zugehörigen Texte gelernt werden.

Piri stellt die wichtige Frage, wie man Schmetterlinge schützen kann. Es sollte darauf eingegangen werden, dass Lebensraum erhalten werden muss (Schmetterlingswiesen anlegen – nicht mähen, viele wilde Blumen wachsen lassen, auch Brennnesseln und Disteln zulassen, Winterquartiere schaffen).

Ideen für die Weiterarbeit

- Mit Hilfe der KV 38 kann das Wissen über die Entwicklung eines Schmetterlings gefestigt werden. Hierbei beschäftigen die Kinder sich auch mit dem Aussehen des „Kleinen Fuchses".
- Wenn die Möglichkeit besteht, ein Schmetterlingshaus zu besuchen, könnte das als Unterrichtsgang das Thema auch auf exotische Schmetterlingsarten ausweiten.
- Es gibt die Möglichkeit, Schmetterlinge zu züchten. Wenn die regelmäßige Versorgung gewährleistet werden kann, könnte man das gemeinsam mit den Kindern im Klassenraum durchführen und eine Langzeitbeobachtung dazu machen. Im Internet werden verschiedene Anzuchtsets angeboten.
- Geschichte „Die kleine Raupe Nimmersatt" von Erik Carle lesen und evtl. nachspielen.

Obstbäume im Frühling

1 Wie entwickelt sich der Apfel von der Blüte zur Frucht? Beschreibe. → S. 65

2 Wie entwickelt sich die Kirsche von der Blüte zur Frucht?

Merke!
Bienen und andere Insekten bestäuben im Frühling die Blüten.

3 Betrachte einen aufgeschnittenen Apfel. Wie heißen die Teile des Apfels?

Du brauchst:
• Apfel • Messer

Warum hat der Apfel eine Schale?

Stiel
Fruchtfleisch
Kern
Kerngehäuse
Schale

Aufgabe 1: Knospe, Blüte, Kerne, Frucht, Apfel, bestäuben, aufbrechen, blühen, verwelken, wachsen.

Biene, Blüte, Obst

43

Kompetenzen und Lernziele

Die Kinder
• lernen Ausbildung der Frucht bei Obstgehölzen am Beispiel des Apfels und der Kirsche kennen.
• bestimmen die Teile eines Apfels.

Vorbereitung und Material

• → KV 43: Woher kommt mein Apfel? Faltbuch

Einstieg

Die Lehrkraft bringt Äpfel mit und lässt die Kinder mit allen Sinnen entdecken: Wie riecht der Apfel? Wie fühlt er sich an? Welche Farbe hat er? Wie schmeckt er? (auf Allergien achten) Danach stellt sie die Frage: „Wer weiß schon, was passieren muss, damit wir einen Apfel ernten können?" So können die Kinder ihr Vorwissen einbringen.

Hinweise zu den Aufgaben

1 Anhand der Fotos beschreiben die Kinder die Entwicklung von der Blüte zum Apfel. Der Apfelbaum blüht und lockt die Bienen an. Die Bienen tragen den Blütenstaub von Blüte zu Blüte und bestäuben damit die Blüten. Daraus entwickelt sich eine Frucht, die immer mehr wächst und reift.

2 Das Wissen von Aufgabe 1 wird angewendet, in dem die Fotos von der Ausschneideseite 79 hier in richtiger Reihenfolge eingeklebt werden. (Lösung siehe Abbildung oben)

3 Von der Lehrkraft wird je ein Apfel längs bzw. quer aufgeschnitten. Das Schnittbild wird mit dem Abbild im Sachheft verglichen und die Begriffe Stiel, Fruchtfleisch, Kern, Kerngehäuse, Schale werden mit Hilfe eines Apfels geklärt. Danach verbinden die Kinder im Sachheft die Schnittbilder mit den Begriffen.

Ideen für die Weiterarbeit

• Die Bedeutung der Bienen und ihr Schutz können Thema einer eigenen Unterrichtseinheit sein (Projekt).
• Kinder zeichnen einen aufgeschnittenen Apfel stark vergrößert auf ein DIN-A4-Blatt.
• Mit Hilfe der KV 43 kann ein Apfelbüchlein gebastelt werden, in dem die Herkunft des Apfels im Supermarkt thematisiert wird und die Achtung vor der Arbeit der Menschen, die für unsere Nahrung sorgen.
• Singen des Liedes „In einem kleinen Apfel".

Literatur- und Link-Tipps
• Lobe, Mira: Der Apfelbaum, G & G Kinder- und Jugendbuch, Wien 2008

Seite 44

Kompetenzen und Lernziele

Die Kinder
- nutzen und systematisieren die Kenntnisse über die Natur im Frühling.
- wenden ihr Wissen spielerisch, forschend und praktisch an.
- arbeiten in verschiedenen Sozialformen selbstständig an den Angeboten der Seite, je nach Interesse und Neigung.

Vorbereitung und Material

- Faltpapier, Blätter, Farbstifte
- Erde, Körbchen, Eierschalen, Schale, Grassamen, Gießkanne mit Wasser, Schilder
- → KV 37: Tagebuch eines Meisenpaares, Faltbuch; Schere, Buntstifte
- verschiedene Apfelsorten, Teller, Messer, Spieße

Hinweise zu den Aufgaben

1 Papiertulpe:
- Mit Faltblättern die Köpfe der Tulpe nach Anleitung falten, anschließend auf ein Blatt kleben und mit Farbstiften die Stiele und Blätter dazu zeichnen. Ziel ist es, Tulpenbilder zur Ausgestaltung des Raumes oder als Karte herzustellen.

2 Ostergras:
- Mit dem bereitgestellten Material nach Anleitung kleine Osternester herstellen, mindestens 2 Wochen vor dem Fest aussäen oder auf den Beginn der Ferien achten, Schild mit Namen und Datum beschriften.
- Ziel ist es, das für den Frühling typische Wachstum der Pflanzen im Klassenzimmer zu beobachten. Die Pflanzen brauchen Licht zum Wachsen und Wasser und sollten deshalb am Fenster stehen.

3 Faltbuch „Die Meise":
- sauberes Ausschneiden der Vorlage auf der KV 37, ausmalen und nach Vorlage falten bzw. einschneiden
- Ziel ist es, zu verdeutlichen, dass nicht nur die Pflanzen (Tulpe S. 39), sondern auch die Tiere sich in einem ständig wiederkehrenden Jahresrhythmus befinden.

4 Apfelausstellung und Verkostung:
- An die Namensschilder der Apfelsorten werden die zum Verzehr vorbereiteten Äpfel gestellt.
- Kinder versuchen, ihren Geschmack zu beschreiben und ihre Lieblingsäpfel zu bestimmen, sie erhalten jeweils drei Spielsteine, die sie dann entsprechend ihrer Bewertung an die Namensschilder legen, Ziel ist es, exemplarisch am Apfel die Sortenvielfalt kennen und schätzen zu lernen.

Forscherfragen:
- Was für ein Nest baut der Kuckuck?
  Der Kuckuck baut kein eigenes Nest, sondern ist ein sogenannter Brutschmarotzer. Er beobachtet Singvögel beim Brüten. Sobald der Singvogel kurz sein Nest verlässt, legt das Kuckucksweibchen sein Ei dazu und frisst stattdessen ein anderes Ei aus dem Nest. Der Singvogel brütet das fremde Ei und seine eigenen Eier aus. Da das Kuckucksjunge bereits nach 12 Tagen schlüpft, früher als die anderen Vögel, wirft es die anderen aus dem Nest.
- Warum sind die meisten Schmetterlinge bunt?
  Dunkle Farben helfen, die Wärme der Sonnenstrahlen zu speichern. Einige Farben helfen, sich vor Fressfeinden zu verstecken. Kontrastreiche Farben sind auch eine Warnung, dass die Falter ungenießbar und giftig sind.

Kompetenzen und Lernziele

Die Kinder
- lernen, dass tägliche Körperpflege wichtig ist für die Gesunderhaltung des Körpers.

Vorbereitung und Material

- evtl. Produkte für die Körperpflege mitbringen: Shampoo, Seife, Duschgel, Kamm, Bürste, Zahnbürste, Föhn, ...

Einstieg

Die Lehrkraft könnte über Körperpflege in vergangenen Zeiten, z. B. Barock, erzählen (siehe Allgemeine Hinweise). Die Kinder erfahren so, dass die heutigen hygienischen Regeln eine positive Errungenschaft sind. Die Lehrkraft könnte dazu auch Bilder von Flohfallen und Rückenkratzern aus dieser Zeit zeigen und mit den Kindern erarbeiten, wofür diese Gegenstände genutzt wurden. Auch Bilder von historischen Toilettenhäuschen oder einer aufgestellten Badewanne in einer Küche wären hier für die Kinder interessant. Alternativ könnte das Lied „Jule wäscht sich nie" von Gerhard Schöne gehört werden.

Allgemeine Hinweise

Im Barock wuschen sich die Adligen selten so, wie wir es heute kennen, häufig haben sie sich nur gepudert. Waschen galt als gesundheitsschädlich. Es muss damals recht streng gerochen haben, die reichen Damen verwendeten deshalb oft Parfüm. Durch diese Unsauberkeit konnten sich Ungeziefer (Flöhe, Läuse) und Krankheiten gut ausbreiten.

Es gibt noch nicht sehr lange WCs oder warmes Wasser aus dem Wasserhahn. Wasser musste früher aus einem Brunnen geholt werden. Danach wurde es mühsam warm gemacht. An den Wochenenden wurden in Küchen Badewannen aufgestellt, da es meist nur in der Küche einen Waschplatz gab. Auch Zahnbürsten sind eine Erfindung der Neuzeit, deshalb waren Zahnschmerzen eine schlimme Krankheit, Zähne wurden dann meist gezogen.

Hinweise zu den Aufgaben

1 Gemeinsam wird das Bild im Buch betrachtet, die Kinder beschreiben, was die Menschen dort tun, um ihre Körper zu pflegen: baden, duschen, Zähne putzen, Haare waschen und trocknen.

2 Das Bild gibt den Kindern Anregung, darüber nachzudenken, was sie für die Pflege ihres Körpers benutzen. Dies halten sie hier fest.

Differenzierung

Sprachförderung

- *Wortfeld „Badezimmer/Körperpflege"*: Zu den Oberbegriffen Gegenstände aus jedem Badezimmer und damit verbundene Tätigkeiten sammeln lassen: Föhn, Handtuch, Seife, Shampoo, Duschgel, Bürste, Zahnbürste, Toilettenpapier, Kamm, Hautcreme, Deo, Nagelschere, Zahnpasta, Waschlappen, Dusche, Badewanne, Duschbrause, Waschbecken, Toilette / waschen, kämmen, bürsten, einseifen, abspülen, schneiden, eincremen, abwischen, reinigen, säubern, föhnen, abtrocknen usw.
- *Konjugation*: Die Ablaufbeschreibung für das Händewaschen in der Ich-Form formulieren und evtl. aufschreiben lassen: „Ich mache meine Hände nass. Dann ...". Mit der Du-Form wiederholen: „Du musst deine Hände nass machen. Dann ..."

Seite 46

Kompetenzen und Lernziele
Die Kinder
- kennen und benennen die Körperteile.
- kennen die äußeren Geschlechtsmerkmale von Jungen und Mädchen.
- beschreiben die Unterschiede zwischen Mädchen und Jungen.

Vorbereitung und Material
- → KV 39: Was die Körperteile können
- → KV 40: Steckbrief: Mein Köper

Einstieg
Die Lehrkraft erstellt gemeinsam mit den Kindern ein Körperplakat. Ein Kind legt sich auf einen großen Bogen Papier (z. B. Packpapier), ein anderes umrandet die Körperkontur. Danach nennen die Kinder die Namen der Körperteile. Die Lehrkraft schreibt sie auf Wortkarten und die Kinder ordnen die Wortkarten dem Plakat zu.

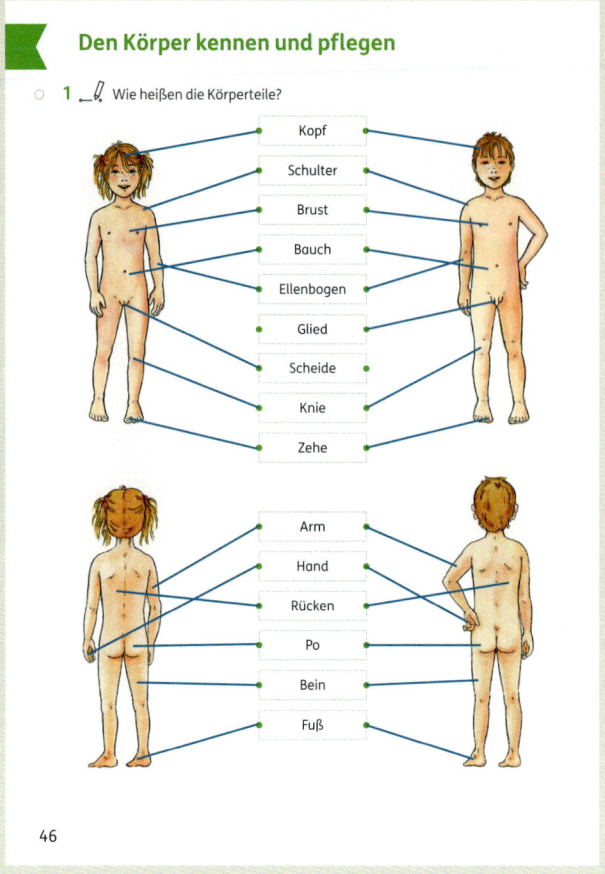

Hinweise zu den Aufgaben

1 Nachdem die Kinder gemeinsam die Körperteile und ihre Namen erarbeitet haben, wenden sie das erworbene Wissen hier an und verbinden die Wortkarten mit dem Bild.

Differenzierung

Sprachförderung
- *Lieder zu den Körperteilen* (alle im Internet zu finden):
  - „Meine Hände sind verschwunden" mit verschiedenen Körperteilen singen und dazu Bewegungen (Verschwinden und Auftauchen) ausführen.
  - „Das Lied über mich" von Volker Rosin
  - „Kopf und Schulter"
  - „Das Flummilied"
  - „Der Körperteile-Blues"

Ideen für die Weiterarbeit

- Mit der KV 39 kann der Frage nachgegangen werden, was die Körperteile alles können.
- Die KV 40 bietet eine Vorlage für einen Steckbrief zum eigenen Körper der Kinder.

Literatur- und Link-Tipps
- Körper-Quiz: www.geo.de/geolino/quiz-ecke/13746-quiz-quiz-koerper
- Weitere Materialien über www.dguv-lug.de (Primarstufe, Bewegte Schule – Mein Körper)
- https://www.haus-der-kleinen-forscher.de/fileadmin/Redaktion/1_Forschen/Themen-Broschueren/Broschuere_Forschen_rund_um_den_Koerper.pdf

Kompetenzen und Lernziele

Die Kinder
- lernen, dass Körperhygiene wichtig ist und was alles dazu gehört.
- lernen und üben richtiges Händewaschen und verstehen, dass regelmäßiges Händewaschen vor Ansteckung mit Krankheiten schützen kann.

Vorbereitung und Material

- Produkte für die Körperpflege mitbringen: Shampoo, Seife, Duschgel, Kamm, Bürste, Handtuch, Zahnbürste, Föhn, ...

Einstieg

Die Lehrkraft hat verschiedene Gegenstände zur Körperhygiene ausgestellt. Nacheinander nimmt immer ein Kind einen Gegenstand und erklärt, wofür es diesen Gegenstand benutzt. Im Anschluss daran fragt die Lehrkraft „Wisst ihr, wie man Hände wäscht?" Die meisten Kinder werden das bejahen. Nun demonstriert die Lehrkraft das richtige Händewaschen.

Hinweise zu den Aufgaben

1 Die Kinder wenden erworbenes Wissen an und ordnen zu, mit welchen Gegenständen sie welche Körperteile pflegen. Hier kann im Unterrichtsgespräch auch geklärt werden, wie oft bestimmte Pflegemaßnahmen durchgeführt werden, z. B. jeden Tag (mehrfach) die Zähne putzen, Hände waschen, 1–2 Mal pro Woche die Haare waschen, alle 2–3 Tage: duschen/baden, einmal im Monat die Fußnägel schneiden, einmal im Halbjahr zum Zahnarzt gehen, alle 2–3 Monate zum Friseur gehen ... Dazu kann auch eine Liste an der Tafel angelegt werden.

2 Nachdem die Lehrkraft das richtige Händewaschen demonstriert hat und die Kinder es üben durften, festigen sie bei dieser Aufgabe den Ablauf und ordnen die Texte den Bildern zu.

3 Hier ist die Frage, wann man sich Hände waschen sollte. Außer in den abgebildeten Situationen könnte noch ergänzt werden: nach Kontakt mit kranken Menschen, bei sichtbar verschmutzten Händen, wenn man z. B. vom Einkaufen nach Hause kommt.
Es muss mit den Kindern besprochen werden, dass regelmäßiges Händewaschen Ansteckungsgefahren deutlich vermindert.

Ideen für die Weiterarbeit

- Gestalten eines Plakates zur Körperpflege

Kompetenzen und Lernziele

Die Kinder
- kennen die Begriffe der verschiedenen Zahntypen (Schneide-, Eck-, Backenzahn) und deren Aufgaben.
- wissen, wie man die Zähne richtig putzt.
- erfassen den Zusammenhang zwischen Zahnpflege und gesunden Zähnen.
- wissen, was beim Zahnwechsel passiert.

Vorbereitung und Material

- Zahnbürste, Spiegel, wenn vorhanden Zahnmodell
- Vergrößerung der Bilder zum Zahnwechsel
- → KV 41: Zahnexperiment

Einstieg

Die Lehrkraft könnte eine Zahnbürste hochhalten und fragen: „Was ist das?" und „Was macht man damit?" Ein Unterrichtsgespräch über das richtige Zähneputzen schließt sich an.
Alternativ könnte auch darüber gesprochen werden, ob den Kindern schon Zähne ausgefallen sind und wie viele neue sie schon haben.

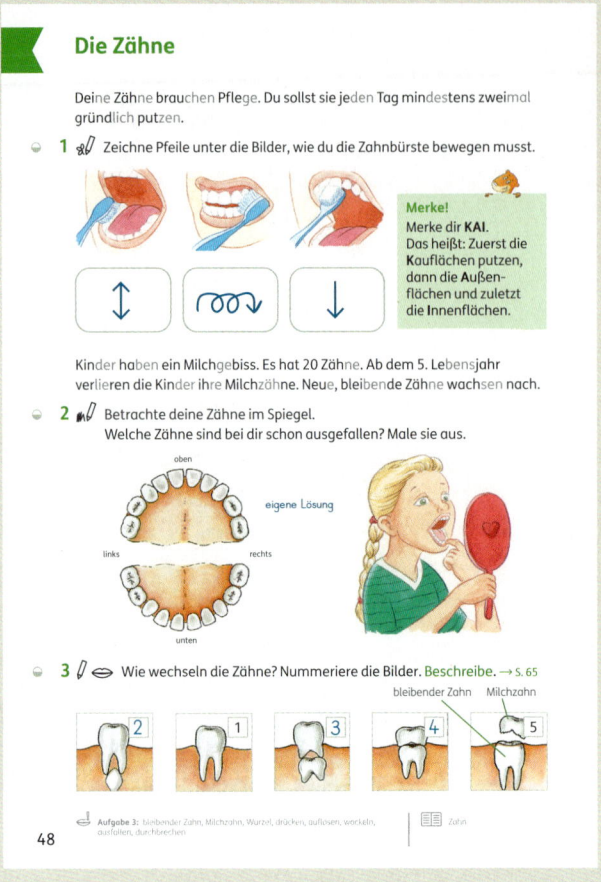

Allgemeine Hinweise

Unsere Zähne sind die erste Station auf dem langen Verdauungsweg der Nahrung. Sie zerkleinern unsere Nahrung. Eine gute Vorarbeit durch gutes Kauen erleichtert dem Magen die Arbeit, eine Voraussetzung dafür sind gesunde Zähne. Diese haben verschiedene Aufgaben:
- Mit den Schneidezähnen (8) beißen wir die Nahrung ab, sie funktionieren wie eine Schere.
- Die spitzen Eckzähne (4) können dabei Nahrungsteile festhalten oder auch herausreißen.
- Im hinteren Bereich des Mundes sitzen die Backenzähne (Kinder: 8, Erwachsene: 16+4 Weisheitszähne), die die Nahrung zu Brei zermahlen.

Der „Zahnwechsel" findet bei Kindern in der Regel ab dem 5. Lebensjahr statt. Dies kann bis zum 13. Lebensjahr andauern. Dabei werden alle Milchzähne durch sog. bleibende Zähne ersetzt und das Gebiss durch zusätzliche Backenzähne ergänzt. Weisheitszähne sind die hintersten Backenzähne (4). Sie wachsen üblicherweise erst im Alter zwischen 16 und 20 Jahren.

Hinweise zu den Aufgaben

1 Wenn ein Zahnmodell vorhanden ist, kann die Lehrkraft das richtige Zähneputzen nach der KAI-Methode daran demonstrieren. Anschließend zeichnen die Kinder die Bewegung der Zahnbürste im Arbeitsheft ein.

2 Jedes Kind schaut mit einem Spiegel in seinen Mund und erfasst, welche Zähne ihm fehlen und zeichnet diese Lücken im Bild ein. Die Kinder, bei denen schon neue Zähne wachsen, könnten diese mit einer anderen Farbe im Bild einzeichnen.

3 Die einzelnen Bilder vom Zahnwechsel könnten vergrößert kopiert werden. Anhand dieser Bilder erklärt die Lehrkraft, warum und wie die Kinder Zähne verlieren. Dann werden die Bilder von den Kindern gemeinsam nochmals in die richtige Reihenfolge gebracht. Zur Anwendung dieses Wissens bearbeiten die Kinder dann selbstständig diese Aufgabe.

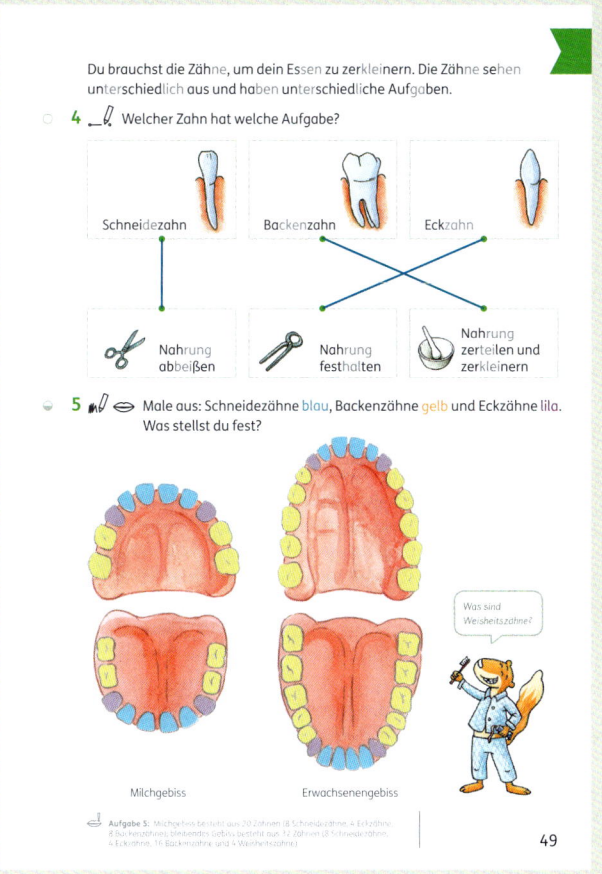

4 Die Funktionen der einzelnen Zahnarten erfassen die Kinder im Vergleich zu Werkzeugen. Sie ordnen die Lösungen zu.

5 Die Kinder bekommen erklärt, dass die Menschen (Kinder und Erwachsene) üblicherweise 8 Schneidezähne und 4 Eckzähne haben. Nur die Anzahl der Backenzähne ist unterschiedlich. Mit diesem Wissen können sie die Aufgabe lösen und die Zähne richtig ausmalen.

Differenzierung

Sprachförderung

- Mundmotorik-Übungen: Passend zum Thema „Zähne" Übungen mit dem Mund machen, die die Artikulation stärken: Lippen spitzen und breitziehen/Zunge herausstrecken Richtung Nase und Kinn, Zunge in den rechten und linken Mundwinkel schieben/Wangen aufpusten und „einsaugen", „Grinsen" und Zähne zeigen/Stift zwischen Oberlippe und Nase balancieren/mit der Zunge innen und außen an der oberen Zahnreihe vorbeifahren/Zunge bei geschlossenem Mund vor die untere Zahnreihe schieben. Siehe auch: Das große Poster der Mundmotorik. Sprachmeer Verlag, Kühlungsborn 2014.

- Wortfeld „Zähne und Gebiss": Begriffe zum Wortfeld sammeln: beißen, abbeißen, zubeißen, festhalten, zerkleinern, kauen, wackeln, ausfallen, verlieren, ziehen, nachwachsen, putzen, bürsten, säubern; Zahn, Schneidezahn, Eckzahn, Backenzahn, Milchzahn, bleibender Zahn, Zahnschmerzen, Zahnarzt, Karies, Loch, Füllung, Zahnbürste, Zahnpasta.
Wer findet die meisten zusammengesetzten Begriffe mit dem Wort „Zahn" am Anfang?

Ideen für die Weiterarbeit

- Experiment, wie Säure Zähne angreift, mit Hilfe der KV 41 durchführen
- Zahnmodelle bauen, z. B. mit Knete, als Zähne dienen Mandeln und Nüsse
- Zähne einfärben (Plaquetest-Tabletten vom Zahnarzt oder aus der Apotheke)
- im Rollenspiel einen Zahnarztbesuch nachspielen

Kompetenzen und Lernziele

Die Kinder
- lernen Lebensmittelgruppen kennen und wissen, von welchen Lebensmitteln sie viel und von welchen wenig essen sollten.
- reflektieren über Essgewohnheiten.
- wissen, welche Nahrungsmittel gesund sind und welche ungesund.

Vorbereitung und Material

- → KV 42: Was ist was?
- → KV 43: Woher kommt mein Apfel (Faltbuch)
- → KV 44: Früchte Paarspiel
- → KV 45: Mein Pausenbrot

Einstieg

Die Lehrkraft könnte das Vorwissen der Kinder abfragen. „Was bedeutet gesunde Ernährung?"

Allgemeine Hinweise

Die meisten Kinder bringen zu dem Thema ein großes Vorwissen mit. Sie können sagen, welche Lebensmittel gesund sind und welche ungesund. Aber häufig wird dieses Wissen nicht umgesetzt. Hier spielen vor allem die Eltern eine große Rolle. Man könnte einen Elternabend durchführen und das Thema vorbereiten. Auf keinen Fall sollten Kinder, die ungesunde Lebensmittel in der Brotdose haben, vorgeführt werden. Man muss dieses Thema sehr sensibel behandeln. Es ist auch nicht einfach. Immer geht es bei Ernährung um die Mengen, in denen etwas zu sich genommen wird und um die Frage, wie groß ist der Energiebedarf, d.h. wie viel Energie verbraucht man z.B. durch Bewegung.

Besonders wichtig ist auch, dass die Kinder regelmäßig und ausreichend trinken, überwiegend Wasser oder ungesüßten Tee, keine Süßgetränke.

Hinweise zu den Aufgaben

1 Hier werden zuerst einmal die Lebensmittelgruppen Obst/Gemüse, Milchprodukte, Getreideprodukte und Kartoffeln, Süßigkeiten und Wurst/Fleisch betrachtet. Die Kinder sollen erkennen, dass sie wenig Süßigkeiten und Wurst und Fleisch essen sollten, weil zu viel Zucker und Fett dem Körper schaden.

2 Nachdem im Unterrichtsgespräch geklärt wurde, welche Lebensmittel dem Körper wertvolle Energie geben und gesund sind, können die Kinder einkreisen, was zu einem gesunden Frühstück gehören kann.

3, 4 Hier sollen die Kinder wirklich frei ihr Lieblingsessen einzeichnen. Dies soll zunächst nicht bewertet werden. In Gruppen- oder Partnerarbeit tauschen sich die Kinder darüber aus, wie gesund oder ungesund es ist.

Die Schlussfolgerung sollte nicht sein, dass die ungesünderen Lieblingsessen nun nie mehr gegessen werden dürfen. Aber vielleicht lassen sich Vorschläge erarbeiten, wie dieses Essen gesünder werden kann, z.B. durch selbstgekochte Anteile, statt Fertigprodukte oder wie das Gericht durch Gemüse ergänzt werden kann.

5 Zum Abschluss des Themas wendet jedes Kind das erworbene Wissen an und überlegt, welche gesunden Lebensmittel es gern in seiner Brotdose hätte und hält dies fest. Idealerweise hat man die Eltern hier um Unterstützung gebeten und dieser Wunsch wird auch umgesetzt. Zur Vorbereitung kann die KV 45 verwendet werden.

3 Zeichne dein Lieblingsessen auf den Teller.

eigene Lösung

4 Tauscht euch aus. Wie gesund ist euer Lieblingsessen?

5 Packe dir ein gesundes Schulfrühstück in die Brotdose.

eigene Lösung

Du solltest immer ausreichend trinken Warum ist das wichtig!

Aufgabe 4: Gemüse, Obst, Fleisch, selbst gekocht, Fertiggericht, Fastfood, frisch, gesunde Nährstoffe

51

Differenzierung

Sprachförderung

- Bewegungsspiel zum Wortschatzaufbau: Im Sitzkreis werden Unterbegriffe zu einem Oberbegriff gesammelt, z. B. zu „Getreideprodukten", „Getränken", „Milchprodukten", „Obst", „Gemüse". Die Kinder wählen vier gefundene Begriffe aus (z. B. Möhre, Mais) und teilen sich in vier Gruppen zu diesen Begriffen. Ein Stuhl wird weggenommen und eine Mitspielerin/ ein Mitspieler stellt sich in den Kreis. Er oder sie ruft: „Möhre" – dann müssen alle Kinder aus der entsprechenden Gruppe die Plätze tauschen. Das Kind in der Mitte versucht, einen Sitzplatz zu erhaschen. So kommt wieder eine neue Mitspielerin/ ein neuer Mitspieler in die Mitte, die/ der Kommandos rufen kann. Beim Kommando „Gemüsesuppe" tauschen alle Kinder die Plätze …
- Silbenspiel: „Wer findet Wörter für Süßigkeiten oder Gebäck mit den meisten Silben?" Zum Beispiel: Scho-ko-la-den-os-ter-ha-se, Gum-mi-bär-chen-tor-te, Ha-sel-nuss-pra-li-ne, Erd-beer-kau-gum-mi, Co-la-brau-se-bon-bon, Trau-ben-zu-cker-lut-scher

Ideen für die Weiterarbeit

- An der Tafel wird ein gesundes Nahrungsmittel-ABC zusammengetragen: A = Apfel, B = Brot, …
- Mit der KV 43 kann die Herkunft von Lebensmitteln am Beispiel des Apfels thematisiert werden und die Bedeutung von regionalen Produkten herausgearbeitet werden.
- Mit der KV 44 lernen die Kinder spielerisch Obstsorten kennen.

Literatur- und Link-Tipps

- www.aid.de/inhalt/aid-ernaehrungsfuehrerschein-3773.html

Seite 52

Kompetenzen und Lernziele

Die Kinder

- nutzen und systematisieren die Kenntnisse über gesunde Ernährung.
- wenden ihr Wissen spielerisch, forschend und praktisch an.
- arbeiten in verschiedenen Sozialformen selbstständig an den Angeboten der Seite, je nach Interesse und Neigung.

Vorbereitung und Material

- Kamm und Watte oder Wollfäden, Zahnbürste
- → KV 46: Gebissmodell
  Schere, Musterklammern
- großes Papier, Bildmaterial, Werbeprospekte
- gesunde Lebensmittel, Brettchen, Holzspieße, Messer, Teller

Hinweise zu den Aufgaben

1 Kammversuch:
- In einen kleinen Taschenkamm mit eng stehenden Zähnen wird Watte hineingekämmt, dann mit der Zahnbürste die verschiedenen Putztechniken ausprobieren.
- Ziel ist es, Wissen (KAI-Methode) anzuwenden und herauszufinden, mit welcher Methode die Watte am besten aus den Zwischenräumen entfernt wird, und dies auf die Zahnpflege zu übertragen.

2 Gesundes Frühstück:
- Die Kinder planen, was zu einem gesunden Frühstück gehört, organisieren die Zutaten und alles, was noch für ein gesundes Frühstück gebraucht wird z. B. Besteck, Geschirr, Rezepte.

3 Plakate „Zähne schützen":
- Kinder reflektieren erworbenes Wissen, tragen es zusammen und stellen es bildlich und schriftlich dar, mit dem Ziel einer Zusammenfassung für die Klasse.

4 Gebissmodell:
- Kinder erfassen den Kiefer mit allen Zähnen als Ganzes. Sie überprüfen, welche Zähne ihnen schon ausgefallen sind und markieren diese im Gebissmodell.

Forscherfragen:

- Wie pflegen sich Tiere?
  Katzen z. B. lecken sich das Fell sauber. Dabei werden auch die Talgdrüsen angeregt. Sie sondern Fett ab, das das Katzenfell vor Nässe schützt. Giraffen z. B. lassen sich ihr Fell von Vögeln putzen. Die Madenhacker picken kleine Tiere aus dem Fell der Giraffe. Elefanten nehmen ein Schlammbad. Trocknet der Schlamm auf der Haut, erstickt das Ungeziefer. Hamster nehmen ein Sandbad und pflegen damit ihr Fell.
- Warum ist Zucker für die Zähne schädlich?
  Bei jedem Verzehr zuckerhaltiger Nahrung kommt es zu einer chemischen Reaktion; die Bakterien im Zahnbelag verarbeiten Zucker zu Säure, die den Zahnschmelz angreift (siehe Zahnexperiment von KV 41).

Unsere Heimtiere

1 👂 Warum haben Menschen Heimtiere?

2 👂 Was braucht ein Heimtier, um sich wohl zu fühlen?

3 ✏️ 🖍️ Welches Heimtier wünschst du dir?

eigene Lösung

Aufgabe 1: Freude, Freund, Finanzschaft, Verantwortung übernehmen, sich
kümmern, beschützen, spielen, kuscheln, interessant, lustig, niedlich, treu
Aufgabe 2: Nahrung, Pflege, Zeit, Zuwendung, Bewegung, Ruhepausen,
Schlafplatz, Artgenossen, Spielzeug, ärztliche Versorgung

53

Kompetenzen und Lernziele

Die Kinder
- bahnen Wissen zum Umgang mit Heimtieren an.
- lernen Haltungsbedingungen der Tiere kennen.

Vorbereitung und Material

- Fotos und Zeitungsartikel zu Heimtieren (Tafelbild) farbige Kreide, Magnete
- → KV 47: Heimtier-Domino

Einstieg

Die Lehrkraft kann die Kinder fragen
„Wer hat ein Haustier?";
„Welches?";
„Wer wünscht sich ein Haustier?"

Allgemeine Hinweise

Heimtiere sind Tiere, die vom Menschen aus verschiedenen Motiven meist in der Wohnung gehalten werden.
Heimtiere haben wilde Vorfahren, die vom Menschen domestiziert wurden. Heimtiere sind oft Hunde, Kaninchen, Katzen, Vögel und Fische. Artgerechte Haltung und Beschäftigung mit dem Tier sind sehr wichtig. Vor der Anschaffung eines Tieres sollte man sich fachkundige Beratung suchen.
Vielfältige Untersuchungen beweisen, dass Heimtiere eine sehr positive Wirkung auf die Entwicklung der Kinder haben – sie sind zuverlässige Freunde.

Hinweise zu den Aufgaben

1 Die Kinder erzählen, warum die Menschen Heimtiere haben (Geselligkeit, Freude an Tieren).

2 Die Kinder beschreiben die Bilder und entnehmen Informationen (1 Freiräume, Zuwendung, 2 Zuwendung, Zeit, 3 Futter und artgerechte Unterbringung, 4 Tierarzt, Betreuung bei Krankheit).
Kinder erzählen aus ihren Erfahrungen, was Heimtiere benötigen und präsentieren die Ergebnisse vor der Klasse. Außerdem erkennen sie den Zusammenhang, dass es dem Heimtier nur gut geht, wenn die Tiere artgerecht gehalten werden.

3 Die Kinder erklären durch ihre Zeichnung oder ihre Verschriftung ihren Wunsch nach einem Heimtier. Sie sollten ihren Wunsch mündlich begründen.

Differenzierung

Sprachförderung
- Verben zu Tierlauten: Zu den liebsten Tieren die passenden Tierlaute sammeln und das richtige Verb benennen lassen: bellen, miauen, schnurren, knurren, piepsen, fiepen, zischen, zwitschern, fauchen, gackern, grunzen, quaken, krähen, schnauben, schnattern, summen, trompeten, blöken. Nachspielen und Tier erraten lassen.

Ideen für die Weiterarbeit

- Besuch im Tierheim oder in der Zootierhandlung
- KV 47: Heimtier-Domino spielen

Literatur- und Link-Tipps
- DVD „Heimtiere" Was ist Was
- Was ist Was (Bd. 11): Hunde, Tessloff Verlag, Nürnberg 2010, (Bd. 59): Katzen, Tessloff Verlag, Nürnberg 2010, (Bd. 72): Heimtiere, Tessloff Verlag, Nürnberg 2010
- www.blinde-kuh.de unter „Haustiere"
- www.hamsterkiste.de unter „Tiere"

Seite 54, 55

Kompetenzen und Lernziele

Die Kinder
- lernen den Hund als Heimtier kennen.
- erfahren, dass Hunde jeden Tag Beschäftigung, Futter, Pflege und Bewegung benötigen.
- lernen unterschiedliche Hunderassen (Schäferhund, Golden Retriever, Mops, Dackel) kennen.
- lernen die Körperteile eines Hundes kennen.

Vorbereitung und Material

- Fotos und Zeitungsausschnitte über Hunde
- farbige Kreide, Magnete
- → KV 48: Katzensprache – Hundesprache (Faltbuch)
- → KV 49: Hunde helfen Menschen

Einstieg

Die Lehrkraft kann Bilder von ganz unterschiedlichen Hunden anheften und die Kinder fragen, was alle Bilder gemeinsam haben und somit zum Thema der Stunde kommen.

Allgemeine Hinweise

Die *Hunde* sind eine Familie innerhalb der Überfamilie der Hundeartigen. Zu den Hunden gehören beispielsweise die Füchse, verschiedene als „Schakal" bezeichnete Arten, Kojoten, Wölfe und Haushunde.
Der *Haushund (Canis lupus familiaris)* wird als Heim- und Nutztier gehalten. Seine wilde Stammform ist der Wolf. Die Domestikation fand vor ca. 20 000 bis 15 000 Jahren statt.
(Quelle: Wikipedia, „Haushund")

Hinweise zu den Aufgaben

1 Kinder beschreiben die abgebildeten Hunde, vergleichen die Gemeinsamkeiten (Körperbau) und Unterschiede (Größe, Fell, Färbung ...) der unterschiedlichen Rassen.

2 Kinder entnehmen der Abbildung Informationen und ordnen die Körperteile zu, indem sie die Begriffe eintragen. Sie vergleichen die Ergebnisse mit der Partnerin/ dem Partner.

3 Die Kinder kreisen ein, was Hunde als Heimtiere brauchen. Dazu können sie sich mit anderen Kindern austauschen. Wichtig ist, dass sie die Abbildungen richtig verstehen.

4 Die Kinder sollen erfassen, dass die Haltung eines Hundes auch Verantwortung bedeutet und wichtige Aufgaben erfüllt werden müssen. Anhand der Bilder erkennen sie die Aufgaben (pflegen, Gassi gehen, füttern, spielen) und tragen sie ein.

5 Wenn es Kinder in der Klasse gibt, die einen Hund haben, können diese beschreiben, was ihr Hund bei Freude, Angst, Bedrohung tut. Das kann eine Hilfestellung für die Lösung dieser Aufgabe sein.

3 Was braucht ein Hund?

4 Was gehört zur richtigen Hundehaltung?

pflegen   Gassi gehen   füttern   spielen

5 Ein Hund zeigt dir mit seiner Körperhaltung, wie es ihm geht.
Ordne richtig zu.

1 Hund freut sich   2 Hund ist ängstlich   3 Hund droht

Aufgabe 4: Pflege, Bewegung, Futter, Spiel, pflegen, bewegen, füttern, spielen, Gassi gehen | → S. 76

55

Ideen für die Weiterarbeit

- Ein Kind berichtet über seinen Hund.
- Besuch in einem Tierheim
- Ein eingeladener Hundefreund/Züchterin oder Züchter spricht über das Leben mit einem Hund.
- Video: „Alles über Hunde"
- Die KV 48 vergleicht Katzensprache und Hundesprache und zeigt, warum Hund und Katze sich oft nicht verstehen.
- Die KV 49 vertieft das Thema: Hund als Helfer des Menschen.

Literatur- und Link-Tipps

- DVD „Heimtiere", Was ist Was
- Was ist Was (Bd. 11): Hunde, (Bd. 72): Heimtiere, Tessloff Verlag, Nürnberg 2010
- www.blinde-kuh.de unter „Hunde"
- www.hamsterkiste.de unter „Tiere/Tiere in Haus und Hof"

Seite 56, 57

Kompetenzen und Lernziele

Die Kinder

- lernen das Kaninchen als Heimtier kennen.
- erfahren, dass Hauskaninchen von Wildkaninchen abstammen.
- erarbeiten, was ein Hauskaninchen frisst.
- reflektieren ihr Wissen über das Hauskaninchen anhand der Erstellung eines Steckbriefes.

Vorbereitung und Material

- Fotos und Zeitungsauschnitte über Kaninchen
- Fotos und Zeitungsausschnitte über Hauskaninchen
- farbige Kreide, Magnete

Einstieg

Die Lehrkraft zeigt ein Foto von einem Kaninchen und fragt: „Was ist das?" Einige Kinder werden „Kaninchen" und andere „Hase" antworten. Die Lehrkraft kündigt an, dass diese Frage mit Hilfe des Textes auf Seite 56 geklärt wird. Nachdem der Text gelesen wurde, wird nun die Frage zum Eingangsfoto beantwortet.

Allgemeine Hinweise

Das Hauskaninchen hat lange schmale Ohren, einen kleinen wolligen Schwanz und kräftige Hinterbeine. Die Ohren eines Hasen sind deutlich länger. Die Farbe von Kaninchen ist sehr verschieden. Das Kaninchen frisst Heu, Klee, Grünfutter, Obst und Gemüse, auch hartes Brot. Wenn man die Tiere artgerecht halten will, sollte man sie nicht allein halten, sondern in einer Gruppe. Dann braucht man mindestens 2 Quadratmeter für 2 Kaninchen. Die normale Größe beträgt ungefähr 40 cm, das Gewicht etwa 2 kg, das Alter 8–10 Jahre. Anfangs sind Kaninchen sehr scheu. Dem Kaninchen kann man beibringen, dass es auf die Hasentoilette geht.
Kaninchen werden nicht nur als Heimtiere zur Gesellschaft der Menschen gehalten, sondern auch als Tiere zum Essen oder zur Gewinnung von Fellen oder Wolle. (Quelle: http://www.kinder-tierlexikon.de/k/kaninchen.htm)

Hinweise zu den Aufgaben

1 Nach dem Einstieg in das Thema können die Kinder ihr erworbenes Wissen anwenden und diese Aufgabe lösen.

2, 3 Hier muss auf Vorwissen der Kinder zurückgegriffen werden. Vielleicht haben auch einige Kinder der Klasse ein Kaninchen und können darüber berichten. Ansonsten wird vermutet und dann mit einem Lösungsblatt verglichen.

4 Die Kinder ordnen den Bildern die richtigen Begriffe zu und lernen somit, was man für die Haltung eines Kaninchens braucht.

5 Zum Abschluss der Unterrichtseinheit können die Kinder einen Steckbrief erstellen. Die Methodenseite 69 hilft dabei. Hierbei wenden sie das erworbene Wissen an. Die Steckbriefe können in Partner- oder Gruppenarbeit verglichen werden.

Ideen für die Weiterarbeit
- Besuch in einem Tierheim
- Ein eingeladener Kaninchenfreund, eine Züchterin/ ein Züchter oder ein Kind spricht über das Leben mit einem Kaninchen.
- Steckbrief-Rätsel „Gesucht wird ...", dazu können die Tiere auf Seite 53 genutzt, aber auch eigene Erfahrungen einbezogen werden.

Literatur- und Link-Tipps
- Was ist Was (Bd. 72): Heimtiere, Tessloff Verlag, Nürnberg 2010, (Bd. 128): Hamster, Biber und andere Nagetiere, Tessloff Verlag, Nürnberg 2010
- www.blinde-kuh.de unter „Hauskaninchen"

Seite 58

Kompetenzen und Lernziele
Die Kinder
- nutzen und systematisieren die Kenntnisse über Heimtiere.
- wenden ihr Wissen spielerisch, praktisch und forschend an.
- arbeiten in verschiedenen Sozialformen selbstständig an den Angeboten der Seite, je nach Interesse und Neigung.
- planen weitere Vorhaben.
- sammeln selbstständig Materialien.
- finden und lösen interessierende Fragen.

Vorbereitung und Material
- Fotos, Bücher, Zeitschriften, Käfige, Futternäpfe, Wasserspender, Futter, usw.
- Tonzeichenpapier (Tierrätsel, Leporello, Faltbuch)
- Ausstellungsfläche (Schülertische, Vitrinen usw.) vorbereiten

Hinweise zu den Aufgaben

1 Heimtierleporello:
- Reflektieren des Wissens, Kinder gestalten zu mehreren Heimtieren ihre eigenen Wissensspeicher

2 Tierrätsel:
- Zuordnen von besonderen Merkmalen „Das Tier hat vier Beine, lange Ohren und bringt Ostern die Ostereier. Wie heißt das Tier?"

3 Heimtierausstellung:
- Sammeln von Materialien (Fotos, Bücher, Zeitschriften, Käfige, Futternäpfe, Wasserspender, Futter usw.), Gestalten von Aufstellern mit Hinweisen

4 Heimtierbuch:
- Kinder gestalten frei ein Geschichtenbuch zu ihrem Heimtier und illustrieren es selbst

Forscherfragen:
- Wie kann ein Hund blinden Menschen helfen? Speziell ausgebildete Blindenhunde helfen ihren Besitzerinnen/ Besitzern bei der gefahrlosen Orientierung in bekannter und unbekannter Umgebung. Ein Blindenhund sucht auf Anweisung Türen, Treppen, Zebrastreifen… Er zeigt das Gefundene an, indem er davor stehen bleibt. Blindenhunde weichen Hindernissen aus. Sie erkennen Gefahrensituationen, z. B. im Straßenverkehr und müssen dann auch Befehle verweigern.
- Woher hat das Meerschweinchen seinen Namen? Darüber gibt es verschiedene Erklärungen. Da das Meerschweinchen ursprünglich aus Südamerika kam, wurde es über das Meer nach Europa gebracht. Und da diese Tiere Ähnlichkeiten mit Schweinen haben und auch ähnliche Quickgeräusche machen, heißen sie Meerschweine.
  Es gibt aber auch die Deutung, dass die kleinen Nagetiere früher an Bord von Segelschiffen gehalten wurden, um als Fleischersatz zu dienen.
  (Quelle: vgl. http://www.meerschweinchen-wissen.de/)

Kompetenzen und Lernziele

Die Kinder
- erfahren, dass es für Gemeinden öffentliche Einrichtungen gibt.
- bahnen Wissen und Kenntnisse über öffentliche Einrichtungen an.
- knüpfen an ihre Erfahrungen mit öffentlichen Einrichtungen an.
- lernen exemplarisch Polizei und Feuerwehr kennen.

Vorbereitung und Material

- Fotos und Zeitungsartikel zu den öffentlichen Einrichtungen aus dem Heimatort (Tafelbild)
- farbige Kreide, Magnete

Einstieg

Die Lehrkraft kündigt an, dass das Thema „öffentliche Einrichtungen" ist. Sie klärt gemeinsam mit den Kindern den Begriff und lässt Beispiele nennen. Alternativ können Bilder von öffentlichen Einrichtungen des Heimatortes an der Tafel angebracht werden. Kinder benennen die Einrichtungen.

Allgemeine Hinweise

Die Gemeinde erfüllt zahlreiche Aufgaben der Daseinsvorsorge durch die Schaffung und Unterhaltung öffentlicher Einrichtungen für die wirtschaftliche, soziale und kulturelle Betreuung ihrer Einwohnerinnen/ Einwohner. Welche Einrichtungen im Einzelnen geschaffen werden sollen, ist dabei der freien Entscheidung der Gemeinde überlassen. Gleiches gilt für die Entscheidung über die Aufrechterhaltung einer Einrichtung.
Zu den öffentlichen Einrichtungen zählen u. a.: Polizei, Feuerwehr, Kindergärten, Altenheime, Friedhöfe, Parks, Schulen, Schwimmbäder, Theater, Verkehrsbetrieb.
(Quelle: http://www.juraforum.de/lexikon/oeffentliche-einrichtung)

Hinweise zu den Aufgaben

1 Die Kinder betrachten das Wimmelbild und erkennen öffentliche Einrichtungen auf dem Bild. Sie kreisen sie ein. Die Ergebnissicherung kann im Tafelbild erfolgen.

2 Die Kinder vergleichen mit ihrem Heimatort und erzählen über die öffentlichen Einrichtungen. Sie sprechen miteinander über ihre Erfahrungen und malen in den Kasten ein Bild.

Piri gibt einen wichtigen Tipp.

Ideen für die Weiterarbeit

- Besuch in einer Polizeidienststelle oder bei der Feuerwehr

Literatur- und Link-Tipps
- https://www.bundespolizei.de/Web/DE/03Unsere-Aufgaben/unsere-aufgaben_node.html;jsessionid=DC572485FE080092B74AEE96794CCFFD.1_cid324 (Aufgaben der Polizei)

Kompetenzen und Lernziele

Die Kinder

- nutzen ihr Vorwissen und erhalten Informationen zu den Aufgaben der Polizei.
- beschreiben die Aufgaben der Polizei.
- erkennen die Polizei an Uniform, Signalen, Fahrzeugen.

Einstieg

Sehr motivierend ist ein Besuch in der örtlichen Polizeidienststelle. Dieser sollte durch Zusammentragen von Fragen vorbereitet werden. Alternativ kann auch eine eingeladene Polizistin/ ein eingeladener Polizist über seine Arbeit sprechen.

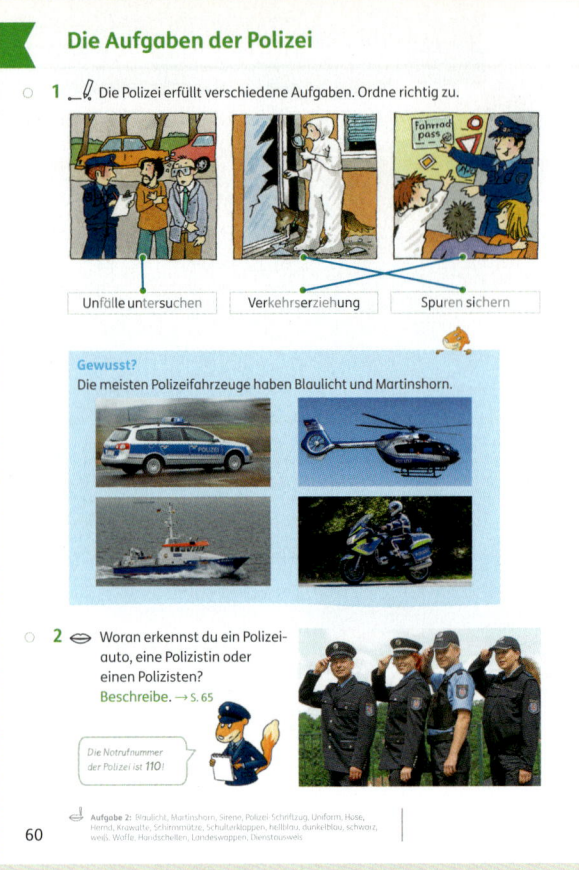

Allgemeine Hinweise

Die Polizei ist ein Exekutivorgan eines Staates. Ihre Befugnisse sind unter anderem im Polizeirecht (Recht der Polizei) geregelt. Sie hat die Aufgaben, die öffentliche Sicherheit und Ordnung zu gewährleisten oder wiederherzustellen, den Straßenverkehr zu regeln bzw. zu überwachen und als Strafverfolgungsbehörde strafbare und ordnungswidrige Handlungen zu erforschen. (Quelle: Wikipedia)

Martinshorn ist eine vor allem in Deutschland verbreitete Bezeichnung für das Folgetonhorn. Der Name leitet sich ab vom Unternehmen Deutsche Signal-Instrumenten-Fabrik Max B. Martin, eines Herstellers von Kompressor-Tonfolgeanlagen mit Sitz in Philippsburg. (Quelle: Wikipedia)

Hinweise zu den Aufgaben

1 Die Kinder beschreiben die Abbildungen und ordnen die Wortkarten den Abbildungen zu, indem sie sie verbinden. Die Kinder erfahren, dass die Polizei für die Erfüllung ihrer Aufgaben Spezialfahrzeuge benötigt, die Bilder von „Gewusst?" helfen dabei.

2 Die Abbildung hilft beim Erkennen der typischen Uniformen und Ausrüstung.

Ideen für die Weiterarbeit

Literatur- und Link-Tipps

- Was ist Was (Bd. 98): Köthe, Rainer: Kriminalistik, Tessloff Verlag, Nürnberg 2010
- www.blinde-kuh.de unter „Polizei"
- https://www.youtube.com/watch?v=Hp8S7-WjaCM (Video „Checker Julian – Der Polizei-check", Sendung des Bayrischen Rundfunks)

Kompetenzen und Lernziele

Die Kinder
- verstehen, dass man bei Unfällen Hilfe holen muss.
- lernen das Absetzen eines Notrufes kennen.
- lernen, in Gefahrensituationen überlegt zu handeln.

Vorbereitung und Material

- Kreide, Magnete
- 2 Spieltelefone
- Telefonnummer der Notrufzentrale 112
- Unfallmelde-Plakat

Einstieg

Hier kann die Lehrkraft Vorerfahrungen der Kinder nutzen und von Unfallsituationen berichten lassen. Im Unterrichtsgespräch wird dann bereits auf die Hilfemaßnahmen eingegangen.

Allgemeine Hinweise

Wer nicht helfen kann, muss Hilfe holen. Einheitliche Rufnummer in allen Staaten der EU ist die 112. Einen Notruf 112 kann man immer absetzen, auch ohne Geld.

Hinweise zu den Aufgaben

1 Die Kinder beschreiben die Abbildung und erfassen, was passiert ist.

2 Die Kinder sollen den Merkekasten lesen und sich den Inhalt einprägen. Danach können sie die Notfallnummer auswendig und tragen sie hier ein.

3 Die schrittweise Erarbeitung und Erläuterung der vier Fragen erfolgt. Sie werden auf das Beispiel übertragen und die entsprechenden Antworten in den Lückentext eingetragen. Die W-Fragen sollten zur Festigung an der Tafel stehen.

4 Nun folgt die Anwendung des Erlernten im Rollenspiel.

Ideen für die Weiterarbeit

- ständige Präsenz der Fragen und der Notfallnummer als Plakat

Literatur- und Link-Tipps
- 112-Lied für Kinder (nach einer Idee von Ralf Schulte vom Förderverein Kinderbrandschutz e.V.), bei YouTube
- https://jugendrotkreuz.de/fileadmin/user_upload/Mediathek_Materialien/Broschueren/Broschuere_Erste_Hilfe_Bildungsplan.pdf (Erste Hilfe Impulse für die Grundschule)

Kompetenzen und Lernziele

Die Kinder
- lernen die Bedeutung der Feuerwehr kennen.
- beschreiben deren Aufgaben.

Vorbereitung und Material

- Fotos, Zeitungsausschnitte über die Arbeit der Feuerwehr
- Magnete, farbige Kreide
- Modelle von Feuerwehrautos

Einstieg

Sehr motivierend ist ein Besuch bei der örtlichen Feuerwehr. Alternativ kann eine eingeladene Feuerwehrfrau/ ein eingeladener Feuerwehrmann über die Aufgaben der Feuerwehr und über ihre/ seine Arbeit sprechen.

Allgemeine Hinweise

Die Feuerwehr ist eine Hilfsorganisation mit der Aufgabe, bei Bränden, Unfällen, Überschwemmungen und ähnlichen Ereignissen Hilfe zu leisten, d.h. Menschen, Tiere und Sachwerte zu retten, zu schützen und zu bergen, wobei die Menschenrettung allerdings die oberste Priorität hat. (Quelle: Wikipedia)

Hinweise zu den Aufgaben

1 Die Kinder beschreiben die Abbildungen und erzählen, welche Aufgaben der Feuerwehr sie erkennen. Ein Tafelbild zu den vielfältigen Aufgaben kann entstehen. Die Aufgaben der Feuerwehr sind löschen, bergen, retten, schützen.
Bild 1: Feuer löschen; Bild 2: einen Menschen retten; Bild 3: ein Auto aus dem Fluss bergen; Bild 4: Menschen vor Unfällen mit umgestürzten Bäumen schützen.

2 Diese Geräte sind auch den Hauptaufgaben der Feuerwehr zuzuordnen
- löschen – Schlauch, Leiter
- retten – Trage
- bergen – Haken
- schützen – Kettensäge, Leiter
Im Unterrichtsgespräch sollte auf diese Geräte genauer eingegangen werden.

3 Die Kinder tragen den Notruf 112 ein.

Ideen für die Weiterarbeit

- Partnerarbeit bei der Beantwortung von Frage 2
- alternativ Video über die Aufgaben der Feuerwehr (siehe unter Tipp)

Literatur- und Link-Tipps
- Was ist Was (Bd. 114): Crummenerl, Rainer: Feuerwehr, Tessloff Verlag, Nürnberg 2010
- Schulfilm: Was ist Was – Feuerwehr und andere http://www.youtube.com/watch?v=eSxBO_mS5CI&feature=related
- www.blinde-kuh.de unter „Feuerwehr"
- www.hamsterkiste.de unter „Von der Feuerwehr"

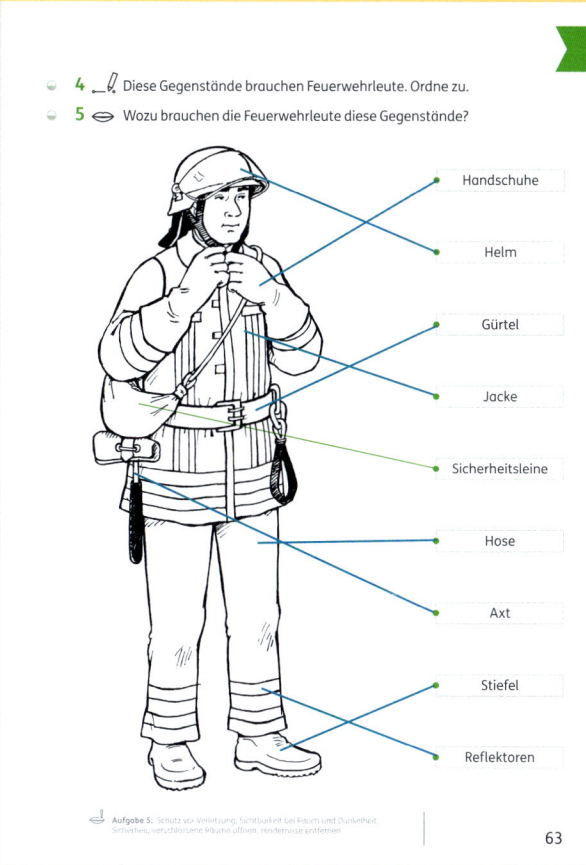

4 ✏ Diese Gegenstände brauchen Feuerwehrleute. Ordne zu.

5 ⬭ Wozu brauchen die Feuerwehrleute diese Gegenstände?

Handschuhe

Helm

Gürtel

Jacke

Sicherheitsleine

Hose

Axt

Stiefel

Reflektoren

Aufgabe 5: Schutz vor Verletzung, Sichtbarkeit bei Rauch und Dunkelheit,
Sicherheit, verschlossene Räume öffnen, Hindernisse entfernen

63

Kompetenzen und Lernziele

Die Kinder
• erhalten Informationen zur Ausrüstung von
Feuerwehrleuten und erfahren, wozu diese
Gegenstände dienen.

Vorbereitung und Material

• Fotos, Zeitungsausschnitte über die Ausrüstung der
Feuerwehr
• Magnete, farbige Kreide
• → KV 50: Feuerwehrausrüstung

Einstieg

Die Lehrkraft kann gegebenenfalls Bezug nehmen auf
den Besuch bei der Feuerwehr und die dort erhalte-
nen Informationen zur Ausrüstung.

Allgemeine Hinweise

Zur Ausrüstung von Feuerwehrleuten gehören:
ein Schutzanzug (Jacke und Hose) mit Leuchtstreifen,
ein Feuerwehrhelm mit Nackenschutz, Schutzhand-
schuhe, Schutzstiefel, eine Axt, ein Sicherheitsgürtel,
Atemschutzmaske, Luftflasche und auch ein Seil.
Die Feuerwehrausrüstung muss hohen Anforderun-
gen genügen:
• mechanische Robustheit
• Temperaturbeständigkeit
• Schutz vor Staub, Feuchtigkeit und Schmutz
(Quelle: Wikipedia)

Hinweise zu den Aufgaben

4 Die Seite aus dem Arbeitsheft kann vergrößert und
an die Tafel geheftet werden. Die Wortkarten mit
Ausrüstungsgegenständen liegen als Applikation vor.
Die Kinder ordnen gemeinsam zu. Anschließend werden die Ausrüstungsgegenstände nun selbstständig
durch Verbinden zugeordnet und die Abbildung evtl.
ausgemalt.

5 Im Unterrichtsgespräch erfolgt die Klärung der Frage, wozu diese Ausrüstung wichtig ist.

Ideen für die Weiterarbeit

• Festigung durch KV 50: Feuerwehrausrüstung

Literatur- und Link-Tipps

• Was ist Was (Bd. 114): Crummenerl, Rainer: Feuerwehr, Tessloff Verlag, Nürnberg 2010
• Schulfilm: Was ist Was – Feuerwehr und andere
• http://www.youtube.com/watch?v=eSxBO_mS5CI&-
feature=related
• www.blinde-kuh.de unter „Feuerwehr"
• www.hamsterkiste.de unter „Von der Feuerwehr"

Kompetenzen und Lernziele

Die Kinder

- nutzen und systematisieren ihre Kenntnisse über die Arbeit von Polizei und Feuerwehr.
- wenden ihr Wissen spielerisch, praktisch und forschend an.
- arbeiten selbstständig in verschiedenen Sozialformen an den Angeboten, je nach Interesse und Neigung.

Vorbereitung und Material

- Bildmaterial und Zeitungsartikel zu Feuerwehr und Polizei
- Stoppuhr, große Jacke, große Stiefel, Gürtel, Helm, Handschuhe, ...
- Klemmbretter, Stifte, Fotoapparat

Hinweise zu den Aufgaben

1 Feuerwehrbesuch:
- Kinder bereiten einen Besuch bei der Feuerwehr vor. Sie planen, erkunden, informieren sich, fragen, sammeln, vergleichen, ordnen ein.

2 Plakate:
- Sammeln und Ordnen der Materialien zu öffentlichen Einrichtungen

3 „Wer ist so schnell wie die Feuerwehr?":
- An- und Ausziehwettbewerb; die Zeit wird gestoppt, die Siegerin/ der Sieger bekommt eine Urkunde.
- Eine weitere Idee wäre, dass in der Klasse oder im Sportunterricht eine Hindernisstrecke aufgebaut wird (Turnmatten, Kegel, Hochsprungständer, ausgelegte Springseile, Medizinbälle, Rollbretter, Kastenteile usw.).

4 Schulrallye:
- Wo befinden sich: Fluchtwege, Feuerlöscher, Hinweisschilder, Erste-Hilfe-Kästen, Telefon? Ergebnisse protokollieren und vor der Klasse präsentieren, Gruppenarbeit ist möglich, dazu werden Aufgaben verteilt, die Schilder etc. können auch fotografiert werden, jede Gruppe berichtet über ihre Ergebnisse.

Forscherfragen:

- Was bedeutet „Freiwillige Feuerwehr"? Man unterscheidet zwischen **Freiwilliger Feuerwehr** (offizielle Abkürzung ist FF), die sich hauptsächlich aus ehrenamtlichen Mitgliedern zusammensetzt und **Berufsfeuerwehr** (Abk.: BF), einer öffentlichen, kommunalen Feuerwehr, die in der Regel nur aus verbeamteten oder fest angestellten Einsatzkräften des Feuerwehrtechnischen Dienstes besteht. (Quelle: Wikipedia)
- Wie kann man Polizist bzw. Polizistin werden? Mann muss einen Schulabschluss haben und kann sich dann bewerben. Es erfolgt ein Eignungstest und ein Sporttest. Dann wird in einem Vorstellungsgespräch mit dem Bewerber bzw. der Bewerberin gesprochen. Danach wird entschieden, ob er bzw. sie geeignet ist, Polizist oder Polizistin zu sein. Die Berufsausbildung dauert zwei bis drei Jahre.

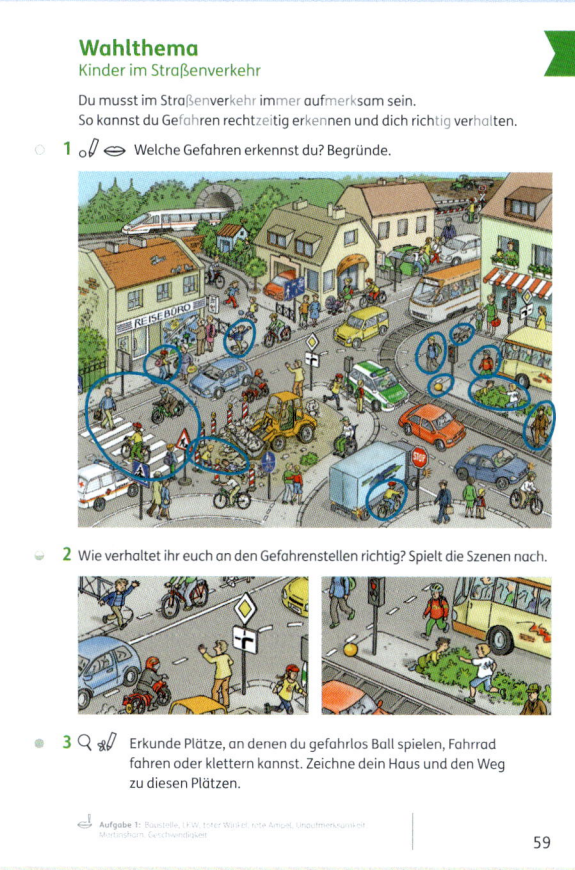

Die Kinder
- wenden die Regeln zur Verkehrssicherheit an.
- gewinnen Einblicke in die Gefahren im Straßenverkehr und können diese beurteilen.

Vorbereitung und Material

- verschiedene Materialien für Verkehrsparcours

Einstieg

Anknüpfend an das Kapitel „Sicher im Verkehr" wird über Gefahren im Straßenverkehr gesprochen. Dazu lesen die Kinder den Eingangstext und betrachten das Wimmelbild.

Allgemeine Hinweise

Erstklässler können noch nicht die Perspektive anderer einnehmen, sondern sehen alles aus ihrem Blickwinkel. Gefährliche Situationen werden oft erst erkannt, wenn es zu spät ist. Das vorausschauende Gefahrenerkennen beginnt erst mit etwa acht Jahren. Mit der Einschulung verändert sich für viele Kinder die Teilnahme am Straßenverkehr. Viele legen den Schulweg allein zurück und sind nachmittags zum Spielen unterwegs. Dies spiegelt sich auch in der Unfallstatistik wider. Kinder zwischen sechs und zehn Jahren verunglücken zu 34 % zu Fuß und zu 26 % beim Radfahren. Bei den unter 6-Jährigen sind es 25 % bzw. 9 %.

Hinweise zu den Aufgaben

1 Zuerst erfolgt ein Unterrichtsgespräch zu dem Wimmelbild, insbesondere zu den Gefahrenstellen. Die Kinder kreisen die Gefahrenstellen ein. Dabei sollte man auf die Hindernisse auf Fußwegen (andere Personen, Straßenschilder), Baustellen (Schilder, Absperrungen, Baken und Leuchten) und auf Verhaltensregeln eingehen beim Unterwegssein mit anderen Kindern.

2 An zwei Beispielen wird exemplarisch dargestellt, welche Gefahren beim Spielen in Straßennähe auftreten können: Bild 1 zeigt ein spontan reagierendes Kind. Es sieht den Freund auf der anderen Straßenseite, rennt los, ohne auf das Fahrrad zu achten und ohne nach links und rechts zu schauen; Bild 2 zeigt, dass beim Spielen an einer verkehrsreichen Stelle ein Ball in den Verkehrsraum rollt. Spielen an so verkehrsreichen Stellen ist gefährlich. Die Kinder sollen Rückschlüsse auf ihr eigenes Verhalten ziehen.

3 Sie könnte evtl. vorbereitende Hausaufgabe sein. Über Notationsmöglichkeiten sollte gesprochen werden.

Ideen für die Weiterarbeit

- Zum Nachspielen kann auf Flur, Pausenhof, Sportplatz oder in der Turnhalle eine entsprechende Situation nachgestellt werden.
- Spiele zur visuellen, akustischen und körperlichen Reaktionsfähigkeit einbauen (z. B. Kinder reagieren auf Töne: Hupe – hinhocken, Klingel – hinter den Stuhl stellen).

Literatur- und Link-Tipps

- www.hamsterkiste.de
- www.verkehrswacht-medien-service.de
- https://www.adac.de/infotestrat/ratgeber-verkehr/verkehrserziehung/

Kompetenzen und Lernziele

Die Kinder

- gewinnen Einblicke in das Umweltproblem Abfall.
- verstehen das Prinzip der Abfalltrennung, -vermeidung und -verwertung.
- entwickeln Ideen zur Müllvermeidung.

Vorbereitung und Material

- Bilder von Müllbergen
- Materialien für Flohmarkt mitbringen lassen
- → KV 51: Ich sortiere Abfall

Einstieg

Die Lehrkraft kann Bilder von Müllbergen mitbringen und darüber ein Unterrichtsgespräch beginnen.

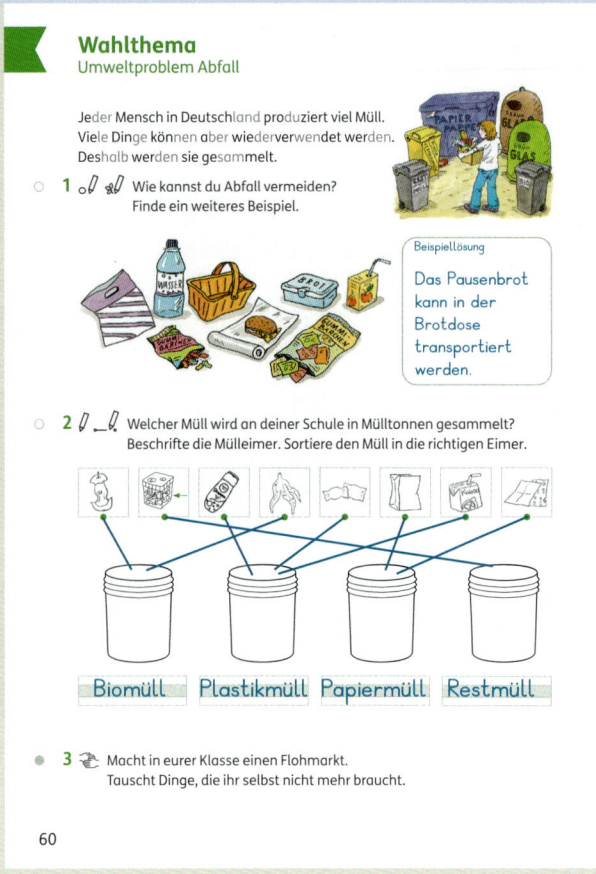

Allgemeine Hinweise

Unter Abfall bzw. Müll versteht man Dinge, die wir nicht mehr benötigen und wegwerfen. Abfälle können wiederverwertet werden. Abfälle, die nicht wiederverwertbar sind, bezeichnet man als Restmüll. Laut Statistik produzierte jeder Bürger im Jahr 2017 in Deutschland 462 kg Müll. Den größten Anteil daran macht der Haus- und Sperrmüll aus, gefolgt von Wertstoffen wie Papier, Verpackungen und Glas. Von den 462 kg pro Person waren rund 188 kg Haus- und Sperrmüll, 148 kg Wertstoffe wie Papier, Verpackungen oder Glas, 125 kg Bioabfälle und 2 kg Sonstiges.
(Quelle: Statistisches Bundesamt)

Hinweise zu den Aufgaben

1 Nutzen der Vorerfahrungen über Abfallvermeidung (Plastiktüte oder Einkaufskorb, doppelt oder einfach verpackte Lebensmittel wie z. B. Gummibärchen in der Tüte, Brotdose oder Alufolie, Mehrwegflasche oder Tetrapack), eigenes Beispiel ergänzen.

2 Mülltrennung wird als Möglichkeit angesprochen, Abfall zu verwerten. Warum ist es wichtig, Müll richtig zu trennen? Erkundungsgang auf dem Schulhof zur Mülltrennung in der Schule als Vorarbeit zur Beschriftung der Mülleimer.

3 Anregung zur Wiederverwendung noch brauchbarer Dinge (Klassenflohmarkt), dabei Frage klären, was als noch brauchbar zu betrachten ist, Organisation besprechen (Brief an die Eltern).

Ideen für die Weiterarbeit

- Mülltrennung zu Hause und im Wohnumfeld
- Papiersammelaktion in der Klasse anregen (Geld für Klassenkasse)
- Komposthaufen im Schulgarten anlegen, Biomüll dort entsorgen
- sinnvolle Wiederverwertung bestimmter Dinge diskutieren
- Verbindung zum Kunstunterricht: Basteln mit Müll

Literatur- und Link-Tipps

- http://www.bmu.de/files/pdfs/allgemein/ application/pdf/gs_abfall_handreichung_lehrer.pdf
- Bildungsmaterialien für die Grundschule

Kompetenzen und Lernziele

Die Kinder
- lernen Regeln zum organisatorischen Ablauf von Freiarbeit kennen.
- wenden Regeln zum Arbeitsverhalten bei Freiarbeit an.
- können das Einhalten von Regeln beurteilen.

Vorbereitung und Material

- Holzklammern, evtl. Passbilder der Kinder mitbringen lassen
- Papprollen, rotes und grünes Tonpapier
- Karton, Stifte, Scheren, Kleber

Einstieg

Die Einführung ins Thema erfolgt im Gesprächskreis mit der Frage: Welche Verhaltensweisen helfen? (z. B. nicht die Lehrkraft, sondern die Gesprächspartnerin/ den Gesprächspartner anschauen, andere ausreden lassen, anderen zuhören, laut und deutlich sprechen, wenn man das Wort erhält)

Hinweise zu den Aufgaben

1 Wichtigkeit von Regeln und Normen des sozialen Miteinanders werden exemplarisch am Erzählkreis – ausgehend von den hier angesprochenen allgemeinen Regeln – erörtert. Die Kinder entwickeln im Gespräch klassenspezifische Regeln.

2 Symbole helfen beim Bewusstmachen und Einprägen der gefundenen Regeln, Regeln werden ständig aktualisiert:
1. Namensklammer kann vielfältig genutzt werden (Ämterplan, Ich brauche Hilfe-Plakat, Stimmungsbarometer), beidseitig beschriften mit gut lesbarem Stift (Holzklammern), zur Unterstützung Passbild aufkleben
2. Schülerampel hilft, das ungestörte Arbeiten der Kinder zu reglementieren, Lehrkraft kann ebenfalls eine Ampel nutzen, wenn sie sich mit einem Kind beschäftigt und nicht gestört werden will
3. Schnur mit dem Plakat hängt an gut sichtbarer Stelle im Klassenzimmer, Kinder, die Fragen an die Lehrkraft haben, heften ihre Klammer an, in dieser Reihenfolge wird ihnen geholfen, sodass Reinrufen und Schnipsen entfällt
4. schneller Überblick möglich durch Anheften der Namensklammern (Arbeit ist mir leicht gefallen, Arbeitsruhe hat mir gefallen, Arbeitszeit hat mir gereicht für diese Aufgabe ...)

3 Nachdenken über geeignete Konsequenzen beim Nichteinhalten von Regeln.

Ideen für die Weiterarbeit

- Diskussion über Sanktionsmöglichkeiten
- Diskussion über Konfliktminimierung und -vorbeugung durch Einhaltung von Regeln
- genügend Zeit zur Erprobung einräumen

Literatur- und Link-Tipps

- Peschel, Falko: Offener Unterricht. Allgemeine didaktische Überlegungen, Schneider Verlag, Hohengehren 2006

Kompetenzen und Lernziele

Die Kinder
- gewinnen Einblick in die Farbphänomene der Jahreszeiten.
- gestalten mit Naturfarben und -materialien.

Vorbereitung und Material

- Fotos von Blumen und farbigen Pflanzen
- Laminiergerät und -folie
- Wolle
- getrocknete Blüten und Pflanzenteile

Einstieg

Ein Unterrichtsgespräch knüpft an Vorerfahrungen der Kinder an (siehe auch Kapitel Bäume im Winter, Natur im Frühling). Ein Unterrichtsgang über die Wiese, im Wald oder im Schulgarten kann auch zum Sammeln der Materialien für Aufgaben 2 und 3 genutzt werden, eine Möglichkeit zum Blumenpressen mitnehmen (z. B. altes Telefonbuch). Das Betrachten der Bilder von Mohn- und Rapsfeld soll zur Reflexion darüber anregen, warum Farben positiv stimmen.

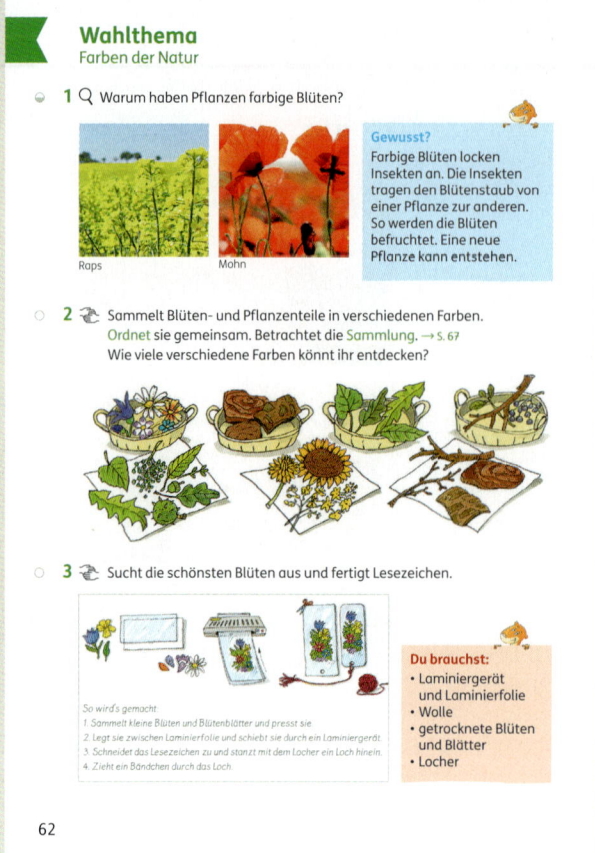

Allgemeine Hinweise

Gesunde Pflanzen sind sehr farbenreich, blasse Farben deuten oft auf akuten Nährstoffmangel hin.
Das grüne Chlorophyll ermöglicht die Fotosynthese. Farbige Blüten locken Bienen und andere Insekten an, Bestäubung dient der Erhaltung und Verbreitung der Art.
Ebenso locken farbige Früchte Tiere an, die durch Fressen und Ausscheiden Samen verbreiten.

Hinweise zu den Aufgaben

1 Ausgehend von der Betrachtung der Bilder und dem Lesen bzw. Vorlesen des „Gewusst?"-Kastens wird Kindern vermittelt, warum Pflanzen farbige Blüten haben.

2, 3 Erkennen der Verschiedenartigkeit und Schönheit von farbigen Blüten- und Pflanzenteilen (Rinde, Blätter, Zweige …), Kinder sammeln und ordnen

3 Basteln von Lesezeichen schult ästhetische Wahrnehmung, Verstehen und Befolgen einer Anleitung

Ideen für die Weiterarbeit

- Erarbeiten eines Frühlings- oder Herbstherbariums
- wenn kein Laminiergerät vorhanden ist, kann auch mit durchsichtigem Klebeband gearbeitet werden
- Herstellung von Glückwunschkarten oder kleinen Büchern aus gepressten Pflanzen
- Farbenvielfalt im Herbst: Blätter sammeln und ordnen
- Kunstunterricht: Gestaltung von Collagen, Blätterbildern u. Ä.
- Einbeziehung des Schulgartens

Literatur- und Link-Tipps

- Bestle-Körfer, Regina/Stollenwerk, Annemarie: Sinneswerkstatt Farben der Natur: Kinder entdecken spielerisch die Farbenvielfalt in der Natur, Ökotopia, Münster 2011

Kompetenzen und Lernziele

Die Kinder
- erkennen, dass männliche und weibliche Tiere oft unterschiedliche Farben haben.
- erkennen Farben als Schutz der Tiere vor Feinden.
- lernen, dass manche Tiere in ihrer Farbgebung extrem gut an ihre Umwelt angepasst sind.

Vorbereitung und Material
- weitere Tierbilder mit unterschiedlichen männlichen und weiblichen Farben

Einstieg

Das Betrachten der Fotos der Fasanenfamilie lässt erste Vermutungen entstehen, warum Tiere unterschiedlich gefärbt sind.

Allgemeine Hinweise

Vor allem Tiere profitieren von den unterschiedlichen Farbmustern. Säugetiere beispielsweise erkennen ihre Artgenossen bezüglich der Fortpflanzung am „Farbmuster". Die Tarnung und damit der Schutz der Tiere vor Feinden, besonders der des Nachwuchses, ist auch durch die Farbe gewährleistet. Bei Vögeln ist die Farbe ausschlaggebend für die Partnersuche, Amphibien dient sie als Warnung. Manche Tiere ändern ihre Farbe.

Hinweise zu den Aufgaben

Anhand der Fotos sind die Kinder in der Lage, das Bild auszumalen.

4 Die Kinder tragen zusammen, was sie im Unterrichtsgespräch als Gründe erarbeitet haben (Impulse von der Lehrkraft: Schutz der Nester bei brütenden Vögeln ...).

5 Die Fotos zeigen den Kindern die Anpassung von Tieren an ihre Umwelt, wobei die Farben als Schutz vor Fressfeinden dienen.

6 Die Kinder recherchieren eigenständig in Naturlexika.

Ideen für die Weiterarbeit

- Erarbeiten eines Tierbüchleins
- Frage: Wie nutzt der Mensch das tierische Vorbild der Tarnung? (z. B. Tarnkleidung der Jäger)
- Zoobesuch
- Tiere mit besonderer Farbe, besonderem Muster zusammentragen (z. B. Wildenten, Schmetterlinge)
- Beispiele in der Natur für Farbbotschaften finden: Tarnen, Warnen, Beeindrucken, Werben, Täuschen

Literatur- und Link-Tipps
- Weinberger, Renate: Das Große Tierlexikon. 2000 Arten und ihre Lebensräume, Dorling Kindersley, München 2012

Kompetenzen und Lernziele

Die Kinder
- erinnern sich an das erste Schuljahr.
- halten wichtige Ereignisse des ersten Schuljahres fest.
- stellen den eigenen Lernfortschritt fest.

Vorbereitung und Material

- verschiedene Gegenstände, die an Schuljahr erinnern
- Fotos von gemeinsamen Unternehmungen

Einstieg

Die Lehrkraft macht einen Rückblick zum Ende des ersten Schuljahres: Was konnte ich schon, was habe ich gelernt, was möchte ich noch lernen?
Hierfür können Gegenstände, die an Ereignisse des ersten Schuljahres erinnern, mitgebracht werden.

Hinweise zu den Aufgaben

- Unterrichtsgespräch über individuelle Erinnerungen der Kinder an das erste Schuljahr, Beschreiben persönlicher Höhepunkte, aber auch von Problemen
- Versuchen, aufgrund von Vergleichen Anfang/Ende des Schuljahres Lernfortschritte zu dokumentieren (evtl. stellt Lehrkraft erste Arbeitsblätter zur Verfügung, aus denen Schriftproben ausgeschnitten und eingeklebt werden können)
- Unterrichtsgespräch über relevante Inhalte des Sachunterrichtes im zurückliegenden Schuljahr
- Reflexion über Partnerschaften im Sachunterricht und soziale Lernformen; mit wem habe ich gern zusammengearbeitet?

Ideen für die Weiterarbeit

- Seite kann im Sinne eines Portfolios benutzt und über das ganze Schuljahr bearbeitet werden
- Ausblicke auf das zweite Schuljahr: Was haben wir uns vorgenommen, was wollen wir bis wann lernen? Was wünsche ich mir persönlich?
- Anlegen einer Klassendokumentation, in der wichtige Erinnerungen an das erste Schuljahr festgehalten werden
- „Mein schönstes Erlebnis" ermöglicht den Kindern, ganz individuell über die Unterrichtsinhalte und ihre Umsetzung nachzudenken und emotional dazu Stellung zu nehmen, dazu kann auch ein Plakat angefertigt und eine Ausstellung gestaltet werden
- Ausstellung von Ergebnissen der Arbeit an den „So kannst du weiterarbeiten"-Seiten

Methoden

Das Piri Sachheft 1 unterstützt gezielt den Erwerb von Methodenkompetenz.

Im Anhang des Arbeitsheftes werden ausgewählte Methoden vermittelt, die für den Sachunterricht besonders bedeutsam sind.

- Ein Bild beschreiben
- Sammeln und Ordnen
- Ausstellung
- Versuch
- Sachzeichnung
- Steckbrief
- Plakat (Allgemeine Ausgabe)

Die Methoden werden im Piri Sachheft 1 häufig geübt. Dabei erfolgt von der Inhaltsseite jeweils ein Verweis zur Methodenseite im Anhang. Der Name der Methode wird zusätzlich in der Aufgabe grün hervorgehoben.

Methoden
Sammeln und Ordnen

Du kannst viele Dinge sammeln, zum Beispiel Karten, Steine, Muscheln, Figuren, Aufkleber. Die gesammelten Dinge kannst du ordnen, zum Beispiel nach ihrer Form, ihrer Größe, ihrer Farbe oder nach ihrem Material.

Ausstellung

Ihr könnt Dinge ausstellen, die ihr gesammelt oder hergestellt habt. So könnt ihr anderen zeigen, was ihr Besonderes gemacht habt.

Für eine Ausstellung braucht ihr zum Beispiel einen Tisch, eine Fensterbank oder eine Pinnwand.	Beschriftet die Ausstellungsstücke. Stellt dafür Karten auf mit: Name, Fundstelle, Nutzen des Gegenstandes.	Zu der Ausstellung könnt ihr einladen, zum Beispiel mit Plakaten oder Werbezetteln.

→ Sammeln und Ordnen: S. 19, 62
→ Ausstellung: S. 22, 44, 58

67

Methoden
Versuch

Manche Fragen kannst du durch einen Versuch beantworten. Zu einem Versuch gehören immer mehrere Schritte.

→ S. 15, 34, 35, 52

68

Methoden
Sachzeichnung

Eine Zeichnung hilft dir, eine Sache besser kennenzulernen.
Zeichne so genau wie möglich.

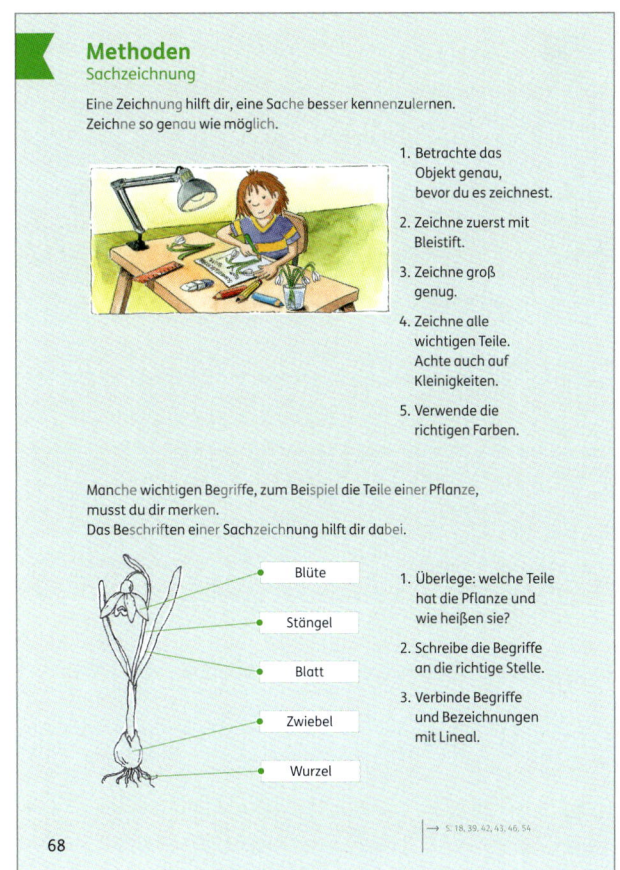

1. Betrachte das Objekt genau, bevor du es zeichnest.
2. Zeichne zuerst mit Bleistift.
3. Zeichne groß genug.
4. Zeichne alle wichtigen Teile. Achte auch auf Kleinigkeiten.
5. Verwende die richtigen Farben.

Manche wichtigen Begriffe, zum Beispiel die Teile einer Pflanze, musst du dir merken.
Das Beschriften einer Sachzeichnung hilft dir dabei.

Blüte

Stängel

Blatt

Zwiebel

Wurzel

1. Überlege: welche Teile hat die Pflanze und wie heißen sie?
2. Schreibe die Begriffe an die richtige Stelle.
3. Verbinde Begriffe und Bezeichnungen mit Lineal.

→ S. 18, 39, 42, 43, 46, 54

68

Methoden
Steckbrief · Plakat

Steckbrief

In einem Steckbrief kannst du Informationen über einen Menschen, eine Pflanze, ein Tier oder einen Gegenstand zusammenfassen.
Ein Steckbrief ist kurz. Er enthält nur die wichtigsten Informationen.

1. Überlege, was wichtig ist, zum Beispiel:
   • Name
   • Aussehen
   • Nahrung
   • Interessantes
2. Male oder suche ein Bild.
3. Schreibe in kurzen Stichpunkten.

Steckbrief

Tier: Rind
Aussehen: schwarz, weiß, braun und gescheckt
zur Familie gehören: Kuh, Kalb, Bulle oder Stier
Nahrung: Gras, Klee, Kräuter und Getreide
Interessantes: Rinder sind Wiederkäuer.

Plakat

Du kannst Wissenswertes zu einem Thema auf einem Plakat darstellen.
Andere können sich damit zum Thema informieren.

1. Finde eine passende Überschrift.
2. Sammle Informationen.
3. Male oder suche Bilder.
4. Verwende ein großes Blatt.
5. Ordne alles übersichtlich an und klebe dann erst auf.
6. Achte auf eine große, saubere Schrift.

→ Steckbrief: S. 21, 57
→ Plakat: S. 52, 64

69

Methoden
Steckbrief

In einem Steckbrief kannst du Informationen über einen Menschen, eine Pflanze, ein Tier oder einen Gegenstand zusammenfassen.
Ein Steckbrief ist kurz. Er enthält nur die wichtigsten Informationen.

1. Überlege, was wichtig ist, zum Beispiel:
   • Name
   • Aussehen
   • Nahrung
   • Interessantes

2. Male oder suche ein Bild.

3. Schreibe in kurzen Stichpunkten.

Steckbrief

Tier: _Rind_

Aussehen: _schwarz, weiß, braun und gescheckt_

zur Familie gehören: _Kuh, Kalb, Bulle oder Stier_

Nahrung: _Gras, Klee, Kräuter und Getreide_

Interessantes: _Rinder sind Wiederkäuer._

Sachzeichnung

Eine Zeichnung hilft dir, eine Sache besser kennenzulernen.
Zeichne so genau wie möglich.

Betrachte das Objekt genau. Zeichne groß genug.
Zeichne alle wichtigen Teile. Verwende die richtigen Farben.

→ Steckbrief: S. 21, 31, 59
→ Sachzeichnung: S. 39

69

Sprachförderung

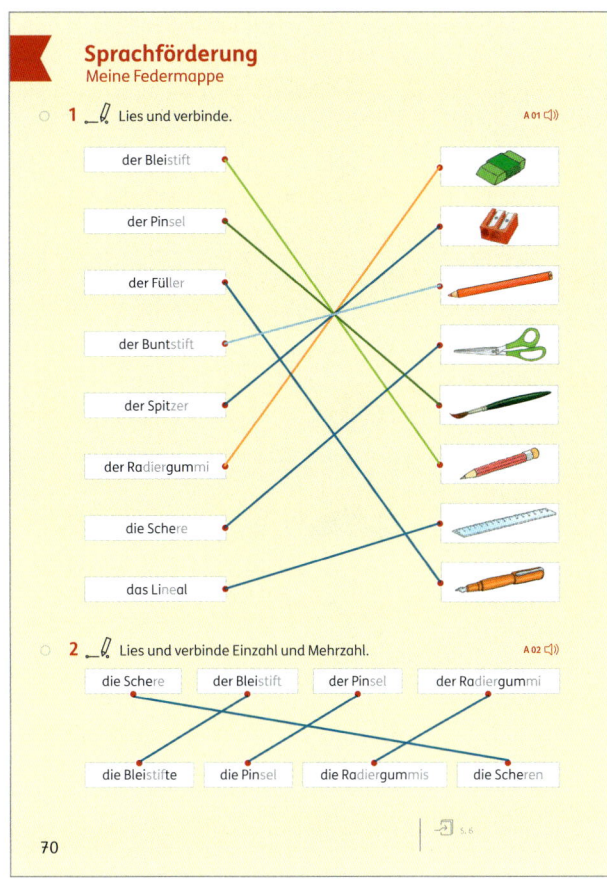

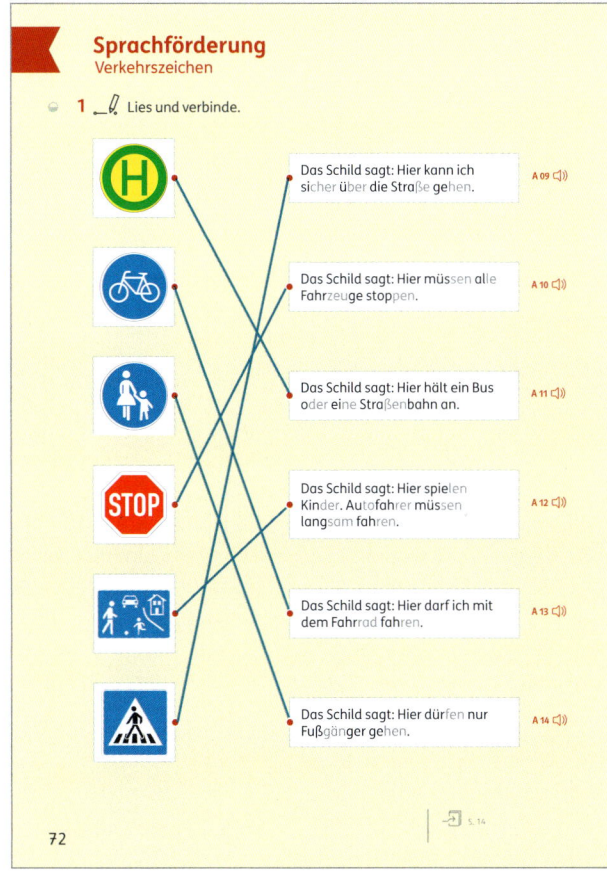

Sprachförderung 🥄!

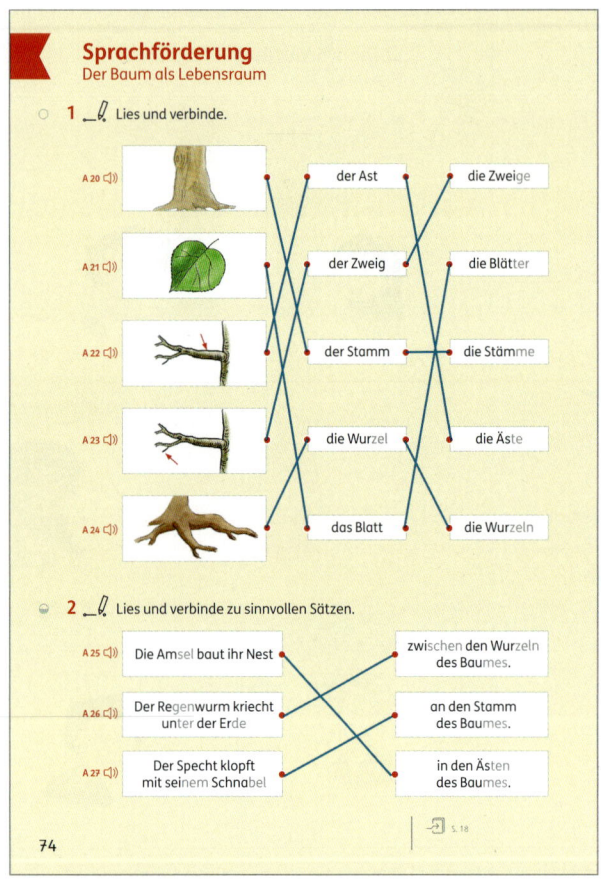

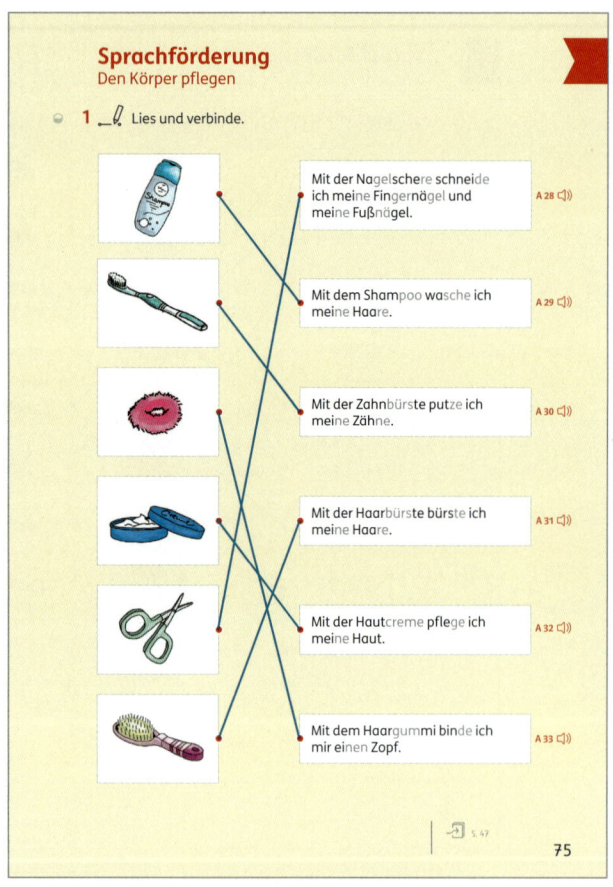

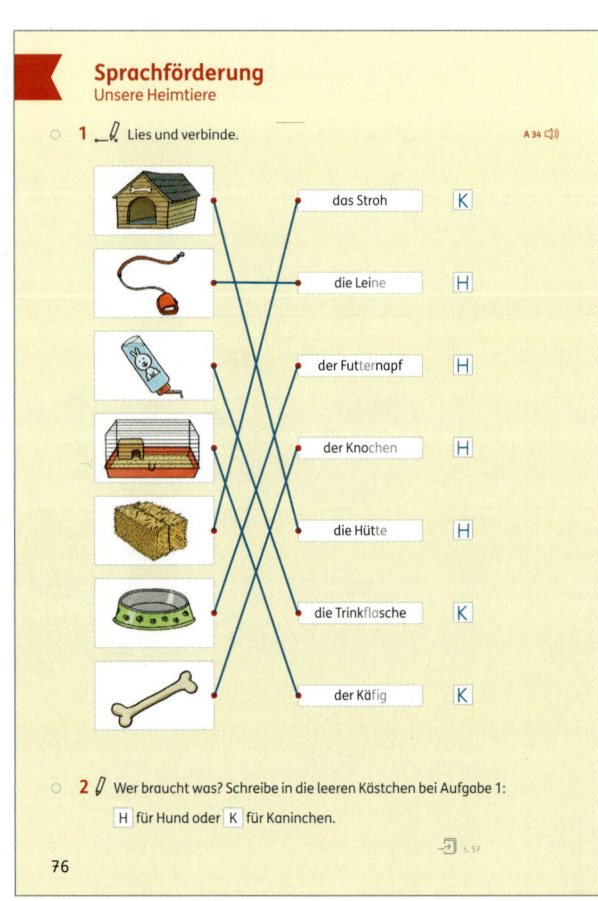